Wiehn & Wollmann-Fiedler   Hedwig Brenner

Erhard Roy Wiehn & Christel Wollmann-Fiedler (Hg.)

Hedwig Brenner

und ihre Künstlerinnen jüdischer Herkunft
Einer Pionierin zum Gedenken

Hartung-Gorre Verlag Konstanz

Umschlag-Titelfoto: Hedwig Brenner freut sich über *Jüdische Frauen in den bildenden Kunst III* (Foto: Erhard Roy Wiehn); Rückseite: Hewig Brenner trägt das Österreichische Ehrenkreuz für Wissenschaft und Kunst 2012 (Foto: Christel Wollmann-Fiedler); Herstellung: Fa. Sowa, Warschau, Polen.

1941–2021
80 Jahre Überfall der deutschen Wehrmacht auf die Sowjetunion
und Beginn der Schoáh im Baltikum, Belarus, Russland und der Ukraine
✡✡✡✡✡✡

Bibliographische Information Der Deutschen Bibliothek
Die Deutsche Bibliothek verzeichnet diese Publikation in der Deutschen Nationalbibliographie; detaillierte bibliographische Daten sind im Internet über <http://dnb.ddb.de> abrufbar.

© Alle Rechte vorbehalten/All rights reserved
Erste Auflage 2021
Hartung-Gorre Verlag Konstanz   Germany
ISBN 978-3-86628-686-3 und 3-86628-686-4

Inhalt

Erhard Roy Wiehn: Hommage an eine Pionierin 7
Christel Wollmann-Fiedler: Liebste Hedy 11

Künstlerinnen jüdischer Herkunft bei Hedwig Brenner 13
I. Christel Wollmann-Fiedler im Gespräch mit Hedy Brenner 13
II. Vor- u. Nachworte in der Abfolge der sechs Brenner-Bände .. 67
Jüdische Frauen in der bildenden Kunst I (1998) 67
Hedwig Brenner: Danksagung 67
Margarita Pazi: Jüdische Frauen als Künstlerinnen 67
Pnina Navè Levinson: Förderung und Rezeption jüdischer Kunst 68
Erhard Roy Wiehn: Pionierarbeit für jüdische Künstlerinnen 71
Hedwig Brenner: Jüdische Frauen in der bildenden Kunst 74
Jüdische Frauen in der bildender Kunst II (2004) 83
Hedwig Brenner: Danksagung – Identität wiedergeben 83
Hedwig Brenner: Drei Generationen vergessener Künstlerinnen 84
Erhard Roy Wiehn: Hommage an jüdische Frauen in der Kunst 90
Jüdische Frauen in der bildenden Kunst III (2007) 95
Hedwig Brenner: Danksagung 95
Hedwig Brenner: Betrachtungen über Kunst 96
Marianne Hirsch: Generationen der jüdischen Kunst 98
Erhard Roy Wiehn: Ein unkonventionelles Kunstlexikon 99
Jüdische Frauen in der bildenden Kunst IV (2011) 103
Hedwig Brenner: Danksagung 103
Hedwig Brenner: Mein unkonventionelles Lexikon 103
Gertraud Feldschuh: Sie bekamen wieder ihren Namen 104
Erhard Roy Wiehn: Aller guten Dinge sind vier 105
Jüdische Frauen in der bildenden Kunst V (2013) 108
Hedwig Brenner: Danksagung 108
Christel Wollmann-Fiedler: Für alle Zeiten festhalten 109
Erhard Roy Wiehn: Aller guten Dinge sind fünf 110
Jüdische Frauen in Musik und Tanz (VI) (2017) 113
Hedwig Brenner: Danksagung 113
Rita Calabrese: In voller Vielfalt 114
Erhard Roy Wiehn: Jüdische Musikerinnen und Tänzerinnen 116

III. Hedwig Brenner bei Christel Wollmann-Fiedler 119
Czernowitz ist meine Heimat (2009) 119
Ein literarischer Schatz *Zum Andenken und Nachdenken* (2011) 120
Hedwig Brenner erhält das Bundesverdienstkreuz (2012) 121
Die große Ehre des Bundesverdienstkreuzes (2012) 124
Jüdische Frauen in der bildenden Kunst IV (2013) 125
Die Weltbürgerin Hedwig Brenner wird 96 und Band V (2013) 127
Jüdische Tänzerinnen und Musikerinnen (2017) 129
Ich denke an meine Freundin Hedy (23. Januar 2017) 131

Hedwig Brenner 134
Christel Wollmann-Fiedler 135
Erhard Roy Wiehn 135

"Wäre ich kein Jude (...), ich wäre überhaupt kein Künstler oder aber ein ganz anderer Mensch."
Marc Chagall[1]

---

[1] Marc Chagall, 1887-1985, in: Sharon R. Keller (Hg.), Judentum in Literatur und Kunst. 1992 Köln 1995, S. 216; Virginia Haggard zitiert: "'Wäre ich kein Jude mit all der Bedeutung, die ich diesem Wort beimesse, wäre ich auch kein Künstler.'" In: 7 Jahre der Fülle – Leben mit Chagall. Reinbek bei Hamburg 1989, S. 69; im Internet steht (12.10.2020): "Wäre ich kein Jude (mit allem, was dieses Wort für mich beinhaltet), ich wäre überhaupt kein Künstler oder aber ein ganz anderer Mensch." http://www.kunstzitate.de/bildendekunst/kuenstlerueberkunst/chagall_marc.htm

Erhard Roy Wiehn
Eine Hommage an Hedwig Brenner

Hedwig Brenner (1918-2017) bot mir für die Edition Schoáh & Judaica Mitte März 1995 – vor etwas mehr als 25 Jahren also – ihre *Jüdische Frauen in der bildenden Kunst* an. Dieser erste Kontakt kam durch Vermittlung von Marianne Ahlfeld-Heymann (1905-2003) zustande, deren Überlebensbiographie wir im Frühjahr 1994 veröffentlicht hatten."[2] Mit Marianne Ahlfeld-Heymann war ich durch meine langjährige Freundin Gretel Baum-Merom (1913-2019)[3] in Verbindung gekommen, weil beide im selben Elternheim in Haifa lebten.

Der erste Band *Jüdische Frauen in der bildenden Kunst – Ein bio-graphisches Verzeichnis* erschien, von mir herausgegeben, im Hartung-Gorre Verlag (Konstanz) vor 22 Jahren im März 1998 mit 199 Namen auf 236 Seiten (hier S. 67 ff.).

Jüdische Frauen in der bildenden Kunst II wurde im Herbst 2004 ausgeliefert, und zwar mit 428 Biographien, 376 Seiten und einer Bilder-CD (hier S. 83 ff.).

Dem folgte *Jüdische Frauen in der bildenden Kunst III* im Sommer 2007 mit 405 Biographien auf 264 Seiten (hier S. 95 ff.).

Jüdische Frauen in der bildenden Kunst IV erschien 2011 und enthält 296 Namen auf 174 Seiten mit einer Bilder-CD (hier S. 103 ff.).

Jüdische Frauen in der bildenden Kunst V folgte 2013 mit 353 Namen auf 172 Seiten und einer Bilder-CD (hier S. 108 ff.).

Jüdische Frauen in Musik und Tanz schließlich erschien im Januar 2017 mit 235 Namen auf 176 Seiten (hier S. 113 ff.).

Die ersten fünf Bände umfassen 1.681 Namen auf 1.222 Seiten, zusammen mit dem sechsten Band ergeben sich 1.916 Namen auf 1.398 Seiten.

---

[2] Marianne Ahlfeld-Heymann, Und trotzdem überlebt. – Ein jüdisches Schicksal aus Köln durch Frankreich nach Israel 1905-1955. Konstanz 1994.

[3] Gretel Baum-Merón & Rudy Baum, Kinder aus gutem Hause / Children of a Respectable Family – Von Frankfurt am Main nach Israel und Amerika / From Frankfurt to Israel and America. Erinnerungen, Fotos und Dokumente / Memories, photos and documents 1913/15–1995–2011. Konstanz 2011; Gretel Baum-Merón, Ich erinnere – Jüdisches Leben in Frankfurt am Main und in Israel. Eine Nachlese. – I remember – Jewish life in Frankfurt/Main and in Israel. Second thoughts 1913–1934–2008. Konstanz 2009,

Die Abstände zwischen den sechs Erscheinungsjahren weisen nicht nur auf Hedwig Brenners Recherche-Aufwand hin, sondern auch auf unsere zeitaufwändigen Editionsarbeiten, was mit unserer Autorin nicht immer leicht war, aber stets freundschaftlich zu Ende gebracht werden konnte – um aus Rohdiamanten Hedi-Brenner-Biographie-Diamanten zu schleifen.

Der Titel *Jüdische Frauen in der bildenden Kunst* bedeutet nicht, dass alle bewusste oder gar praktizierende Jüdinnen waren oder sind und ebensowenig, dass sich allzu viele von ihnen mit jüdischen Themen befasst hätten oder befassen, vielmehr vertreten sie insgesamt wohl ein sehr breites Spektrum der bildenden Kunst des 19. und 20. sowie der ersten Jahre des 21. Jahr-hunderts.

Der Sinn dieser biographischen Verzeichnisse besteht vor allem darin, dass Hedwig Brenner durch ihre Recherchen viele Künstlerinnen überhaupt erst wiederentdeckt und ihnen somit ihre Namen zurückgegeben hat. Ansonsten aber dürfte völlig klar sein: Wenn Frauen es im allgemeinen in der Kunst wohl immer schon etwas oder gar viel schwerer hatten als Männer, so dürfte das aus mancherlei Gründen um so mehr für *jüdische Frauen* gelten;[4] viele jüdische Künstlerinnen hatten überdies während der deutschen NS-Herrschaft seit den 1930er Jahren und bis 1945 in Deutschland und im ganzen deutschbeherrschten Europa schwer zu leiden und nicht wenige wurden ermordet.

Durch die Zusammenstellung der Vorworte in der vorliegenden Gedenkschrift, die in den sechs Bänden über fast 20 Jahre verteilt waren und sind, kommt es unvermeidlich zu gewissen Doppelungen bzw. Wiederholungen, die jedoch bewusst inkauf genommen werden, um eben die über viele Jahre verteilten Texte so zu belassen, wie sie in ihrer jeweils ersten Fassung formuliert waren.

Hedwig Brenner ist für diese jahrelange ebenso originelle wie außerordentlich verdienstvolle Pionierarbeit auch posthum herzlichst zu danken, denn sie hat damit ein einzigartiges Werk geschaffen, das sie bei weitem überdauert und bleibt: Sie hat sich um die Verewigung *Jüdischer Frauen in der bildenden Kunst* wahrlich hoch verdient ge-

---

[4] Dazu hier Pnina Navè Levinson, S. 68 ff.; dazu auch: "Die Stellung der Frau und die Sitzung des Mannes". In: Alice Schwarz-Gardos, Zeitzeugnisse aus Israel – Gesammelte Beiträge der Chefredakteurin der 'Israel Nachrichten'. Konstanz 2006, S. 141 ff.

macht und wurde im Jahre 2012 sowohl mit dem Bundesverdienstkreuz der Bundesrepublik Deutschland als auch mit dem Österreichischen Ehrenkreuz für Wissenschaft und Kunst geehrt.

Ihrem Andenken ist diese Gedenkschrift gewidmet, und ich danke Christel Wollmann-Fiedler ganz herzlich dafür,[5] dass sie sofort mit der Idee dieser Schrift nicht nur einverstanden war, sondern sich unverzüglich dafür engagierte. Ihr Gespräch mit Hedwig Brenner ist eine gute Einführung in deren Leben und eine Art Hintergrund für ihr Schaffen. Herzlich gedankt wird auch Wolfgang Hartung-Gorre für das Scannen der Vorworte der ersten beiden Bände und für sein verlegerisches Engagement sowie Mirjam Wiehn für das Korrekturlesen dieses Vorworts.

Übrigens hatten wir einmal kurz ins Auge gefasst, weitere Freundinnen und Freunde Hedwig Brenners zur Beteiligung an dieser Gedenkschrift einzuladen; das hätte jedoch unvermeidlich zu Verzögerungen geführt, was in Corona-Zeiten unbedingt vermieden werden sollte und vielleicht in einer zweiten Auflage nachgeholt werden könnte.

Nicht zuletzt mag das Motto unserer Edition Schoáh & Judaica auch für diese Gedenkschrift gelten: Was aufgeschrieben, veröffentlicht und in etlichen Bibliotheken der Welt aufgehoben ist, wird hoffentlich nicht so schnell vergessen. – 13. Oktober 2020

There are many ways to be Jewish (Quelle unbekannt)

---

[5] Erhard Roy Wiehn & Christel Wollmann-Fiedler, Unser Überlebenswille war stark – Gespräche mit Margit Bartfeld-Feller über Czernowitz, die sibirische Verbannung und Israel - zum Gedenken. Konstanz 2020.

Hedwig Brenner wurde mit dem Bundesverdienstkreuz der Bundesrepublik Deutschland ge-ehrt, Haifa am 1. März 2012 (Foto: Christel Wollmann-Fiedler)

Christel Wollmann-Fiedler

Liebste Hedy,

weißt Du noch, wie und wo wir uns kennengelernt haben? Nun, es war vor ungefähr vierzehn Jahren in der Inselgalerie in der Torstraße in Berlin-Mitte. Ich erfuhr, dass eine Czernowitzerin aus ihren Familienbüchern lesen und erzählen würde. Ich hörte "Czernowitz", dachte an Rose Ausländer und Paul Celan. Abends saß ich in der Galerie und hörte gespannt zu. Mit geschlossenen Augen nahm ich Deine wunderbare Stimme wahr, der alte österreichische Klang gefiel mir. Wir begrüßten uns, Deine Freundin stelltest Du mir vor. Die Wienerin und Kunstmalerin Alice Arbel, die bereits in den 1930er Jahren mit den Eltern von Wien nach Haifa kam und die eines der ersten Bauhäuser auf dem Carmel bauen ließen. Du erzähltest von Czernowitz, der Stadt, die ich seit meiner Schulzeit kennenlernen wollte. Ich sollte Dich besuchen, gabst mir Deine Adresse in Haifa. Fotos, damals noch analog, schickte ich Dir nach Haifa, direkt kam die erste Mail von dir und eine erneute Einladung. Deine beiden Familienbücher verschlang ich, lernte Deine Familie kennen, Deine Kindheit und später die Russen- und Nazizeit in Czernowitz.

Erinnerst Du Dich, als ich das erste Mal in der Silver Street in Na've Shanan ankam? Du hast auf der Straße gestanden und auf mein Taxi gewartet. Glücklich fielen wir uns in die Arme und so blieb es über die Jahre. Du weißt noch, wie wir mit dem Auto durch die Drusendörfer fuhren zum See Genezareth, wie wir in Kapernaum die österlichen Pilger trafen und ich meine christlichen Wurzeln am Jordan suchte? All die Jahre war ich wochenlang bei Dir in der kleinen rumänischen Wohnung, nächtelang erzähltest Du mir Geschichten über Czernowitz, über Deine Familie und Deine Nöte im faschistischen und kommunistischen Rumänien. Nicht Ploieşti oder Haifa wurden Deine Heimat, Czernowitz blieb Deine Heimat!

Du weißt noch als wir uns in Aargau in der Schweiz trafen, wohin man Dich zu einem Zeitzeugengespräch eingeladen hatte, oft trafen wir uns in Wien, wo Du weitere Bücher vorgestellt hast. In Berlin bei mir warst Du all die Jahre, Lesungen hatte ich organisiert und Freunde aus der ganzen Welt wollten Dich begrüßen, kamen von weit her. Mit einem Schiff fuhren wir auf der Moldau durch Prag und Du erzähltest von der Studienzeit Deines Mannes in der Goldenen Stadt. Der Deutsche Botschafter in Israel übergab Dir das Bundesverdienstkreuz in Haifa, bereitete Dir ein Fest mit all Deinen Freundinnen und Freunden, sensationell war das und machte Dich froh und stolz, Monate später konntest Du mit dem Österreichischen Botschafter in Israel anstoßen, weil Dir das Ehrenkreuz für Wissenschaft und Kunst verliehen wurde.

Meine vielen Reisen durch das Land Israel hast Du mental begleitet, warst immer dabei, abends telefonierten wir, und Du wolltest alles wissen. Dein Interesse war übergroß. Zeitzeugen hast Du mir empfohlen, kanntest die "halbe Welt".

Ein Künstlerinnenlexikon nach dem anderen erschien, Dein Fleiß war immens. Oft half ich Dir beim Recherchieren oder Korrigieren, nachts skypten wir und die weite Welt unterstützte uns. Du sollst wissen, dass mir unsere täglichen oder allnächtlichen Gespräche fehlen, liebste Hedy. Meine geschriebenen Texte hast Du immer als Erste gelesen, noch in der Nacht, bevor die Augen vor Müdigkeit zufielen, bewertest hast Du sie und korrigiert. Meine Projekte waren Dir ebenso wichtig und oft kamen außerordentlich gute Ratschläge von Dir. Ermuntert hast Du mich, wenn ich nicht mehr wollte. Es gab diese Zeiten, ja!

Als Paul starb und Lulu Dir am Telefon die Nachricht überbrachte, stand ich neben Dir am Telefon und konnte Dir kaum helfen, doch ich war bei Dir, Du warst nicht alleine. Vieles und noch mehr haben wir miteinander erlebt, ein Buch könnte ich darüber schreiben.

Meine Trauer um Dich ist noch immer da, sie hat mich nie verlassen. Heute hätten wir Deinen 100. Geburtstag gefeiert. Ob Du Dich daran erinnerst? Feiern wollten wir mit Schmettentorte und Totsch und all Deine Czernowitzer Freundinnen und Freunde einladen, wie jedes Jahr.

Du bist für mich die Standhafte, die treue Freundin. Ich würde Dich fest umarmen, wenn Du noch auf dieser Welt wärst, die Du so geliebt hast. Einen großen Blumenstrauß auf der Hanita würde ich Dir kaufen!

Deine Christel   Berlin, 27. September 2018

I. Christel Wollmann-Fiedler im Gespräch mit Hedwig Brenner[*]

Du bist jetzt wieder in Berlin, warst erst vor einem Jahr in dieser Stadt und wirst wieder Lesungen haben. Hast Du in früheren Jahren schon einmal Berlin besucht?[**]

Nein, ich kannte Berlin nicht. Im vergangenen Jahr war ich tatsächlich zum ersten Mal in Berlin. München, Freiburg und Köln lernte ich schon früher einmal kennen.

Das ist interessant. Als ich Deine Lebenserinnerungen las, stellte ich fest, dass Du nur in Osteuropa gelebt hast.

Ja, mein ganzes Leben, nein, mein halbes Leben.

Du kanntest Westeuropa von Reisen, Du bist viel herumgekommen, hattest Verwandte in Westeuropa.

Ich habe auch in Deutschland einen Cousin gehabt. Durch Zufall habe ich diesen neuen Cousin gefunden. Karl-Heinz Langhaus aus Zwickau und Leipzig. Hast Du nicht darüber in meinem Buch gelesen?

Wir hätten gestern Edgar Hilsenrath [1926-2018] fragen sollen, ob er ihn kannte. Er war ja aus Leipzig.

Nein, ich weiß nicht, ich glaube er hat ihn nicht gekannt. Karl-Heinz Langhaus war keine öffentliche Persönlichkeit, also nicht bekannt. Edgar Hilsenrath ist als Halbwüchsiger schnell weggewesen, hat dann im Ausland gelebt. Die Begegnung mit Edgar gestern war sehr interessant, sehr interessant.

---

[*] Dieses Gespräch begann ich im Oktober 2007 in Berlin, im März 2008 und September 2008 sprachen wir in in Haifa weiter; im Sommer 2008 war Hedy in Prag und Wien, wo wir weitermachten, 2009 erschien das Buch. *Czernowitz ist meine Heimat Gespräche mit der Zeitzeugin Hedwig Brenner von Christel Wollmann-Fiedler* mit über 100 Fotos von Schauplätzen, munda-Verlag, Brugg, Schweiz (vergriffen).

[**] 2006 lernte ich Hedy Brenner bei einer Lesung in Berlin kennen.

Die Czernowitzer Geschichten haben mir sehr gefallen, Jeder kannte jeden und die ganzen Geschichten sind schon weit über 65-70 Jahre her.

Ja, drei Generationen liegen dazwischen. Wenn man so alt ist, wie ich, hat man viel zu erzählen. Vor allem, wenn man sich erinnert. Das ist auch eine Kunst.

In dem Buch über die Familie wusstest Du noch unendlich viel über deren Urgeschichte

Aus Erzählungen. Ich hatte eine Cousine in London, die war Professorin an der Musikakademie. Sie war aus Wien geflüchtet nach dem Jahr 1938. Bei ihr hatte ich im Jahr 37/38 in Wien gewohnt.[*] Damals war sie schon sehr berühmt, war Schülerin von Webern. Du kennst Anton von Webern?

Musikstücke habe ich von ihm gehört, er war ja auch Wiener und Oskar Kokoschka verehrte ihn sehr und hat 1914 ein sehr schönes Portrait von ihm gemalt; ich sah es vor kurzem in Wien.

Hochtalentiert war Else Krams-Cross. Bei ihr habe ich in Czernowitz meinen ersten Klavierunterricht erhalten. Durch sie habe ich sehr viel über die Familie erfahren. Sie war in Klocuczka geboren, ich habe noch ihren Original-Geburtsschein.

Wo liegt Klocuczka?

Klocuczka war ein Vorort von Czernowitz und gehört heute zur Stadt. Früher ein kleines Dorf, eine Siedlung an der Czernowitzer Grenze. Es lebten sehr viele Ruthenen dort, Polen, Juden und ukrainische Bauern. Meine Cousine, auch die Cousine meiner Mutter; ihre Mutter und mein Großvater waren Geschwister. Sie haben alle dort zusammen gewohnt mit meinen Urgroßeltern, die Ackerjuden waren. Meine Cousine Else wurde 1901 dort geboren

Wie viele Juden lebten damals in der Umgebung von Czernowitz?

---

[*] "Wien, Traumstadt 1937", in: Hedwig Brenner, Begegnungen mit Menschen und Städten. Konstanz 2015, S. 28 ff.

Nur einige Judenfamilien, Ackerjuden, doch nicht sehr viele. Eine Familie Kinsbrunner waren Nachbarn, erzählte mir meine Cousine. Doch in Czernowitz waren 60.000 Juden, ungefähr die Hälfte der gesamten Einwohner.

Ach, Czernowitz war überhaupt eine interessante Stadt. So wie Haifa, die Untere Stadt, die Mittelstadt und die Obere Stadt.

In der Unteren Stadt vom Bahnhof die Hauptstraße hinauf waren die seitlichen Straßen rein jüdische Straßen, wo die frommen Juden gewohnt haben. Arbeiter, Handwerker, kleine Geschäfte und Werkstätten waren dort. In die kleinen ebenerdigen Häuschen konnte man hereinschauen durchs Fenster. Im Vorraum arbeitete ein Schuster in einer Ecke, der hat dort die Schuhe gerichtet, in der anderen Ecke kochte die Frau, in der dritten Ecke haben die Kinder gespielt. In diesem einen Raum haben sie alle gelebt. Im hinteren Raum schliefen sie alle auf Holzpritschen mit Strohsäcken. An den Wänden waren Nägel, wo die Kleider aufgehängt wurden. Einen Schrank konnten sie sich nicht leisten. In Czernowitz gab es sehr viele arme Juden.

Als Flickschneider, Schuster und Tischler haben sie mühselig ihren Lebensunterhalt verdient. Dann gab es in Czernowitz die ambulanten Händler, die stammten auch aus der Unteren Stadt. So zum Beispiel Glaser. Auf dem Rücken trugen sie so einen Rucksack aus einer großen Kiste, wo die Scheiben drin waren. Sie sind rufend durch die Straßen gezogen, um auf sich aufmerksam zu machen und Kunden zu bekommen. Zur Rumänenzeit riefen sie "Geamuri, Geamuri!"

Zu uns in die Stadt kamen viele Rumänen aus Oltenien, das ist an der Donau gelegen, dort am Eisernen Tor nach Jugoslawien zu Halbbulgarien. Sie haben Joghurt und Gemüse verkauft. Durch die Straßen zogen sie mit zwei Stangen über der Schulter, an denen zwei Waagschalen hingen. Dann waren die ambulanten Altwarenhändler unterwegs, die "Handeles, Handeles!" riefen. Sie habe alte Sachen aufgekauft, die sie dann in den Dörfern zum Verkauf anboten. Die Sodawasserhändler kamen bis vors Tor und tauschten die leeren gegen die vollen Flaschen. Ein Lei hat so eine Flasche gekostet. Kennst Du die großen blauen Sodaflaschen mit dem Pumpverschluss?

Dann waren noch die Hodorotowa. Ich glaube, so haben sie geheißen. Das waren ukrainische und polnische Handwerker, die kaputte

Schüsseln und Töpfe gerichtet haben. Die irdenen Schüsseln, weißt Du, was irdene Schüsseln sind, ja? Man hat sehr viele Tonschüsseln im Haushalt gebraucht. An den Straßenrand setzten sich die Handwerker und drahteten die Schüsseln ein. Du weißt, in so ein Drahtnetz, sehr interessant sieht das aus. Ich habe oft zugeschaut als kleines Mädel. Wie Maschen von einer Häkelei hat das ausgesehen. So hat die Schüssel mindestens noch zwei Jahre gehalten.

Es gab Fliegende Händler und kleine Läden, keine Warenhäuser?

Ja, keine großen Warenhäuser, wie heute, nur kleine Läden. Warst Du in Czernowitz auch auf der Hauptstraße, der "Kö"?

Oh, ja es wird viel restauriert und gebaut dort. Eine riesige Baustelle war im Sommer die gesamte Herrengasse.

Das Deutsche Haus ist in der Herrengasse gelegen. Es war das Gemeindehaus der Deutschen, die in Czernowitz gelebt haben. Hinter dem Deutschen Haus gab es ein Freilichtkino, so ein Gartenkino, in der Maria Theresiengasse. Ein Deutsches Schülerheim war ebenfalls dort, denn damals lebten ungefähr zehn- bis zwölftausend Deutsche in Czernowitz, die früher einmal eingewandert waren. Eigentlich wohnten die Roscherdeutschen, wie sie genannt wurden, in der Vorstadt Rosch. Dort lebten die eingewanderten Schwaben, hatten richtige deutsche Obstgärten, kleine Bauernhöfe. Sie wurden dort im 18. Jahrhundert angesiedelt

Das hat aber nichts mit den eingewanderten Deutschen in Siebenbürgen zu tun?

Nein, nein, das sind die Siebenbürger Sachsen, in Czernowitz sind es die Schwaben, die dann schon ungefähr 200 Jahre mit uns lebten. Sie wurden als Volksdeutsche erklärt und von Hitler "Heim ins Reich" geholt im Jahr 1941.

Wie war das mit Ihrer Familie, die auch Deutsch sprach und bis 1918 zu Österreich gehörte?

Die gesamte Bukowina gehörte seit 1775 zur Donaumonarchie (...); deutsche Schulen wurden gegründet, auch die deutsche Sprache wurde eingeführt. 1875 hat man die Universität in Czernowitz gegründet.

Mein Vater hat dort Jus studiert, natürlich deutsch-sprachig. Zuvor wurde polnisch oder rumänisch gesprochen (…).[6] – Der Staat Rumänien entstand 1859. (…)[7]
An das Dritte Reich schloss sich Rumänien 1941 an, ja, an die Achse. (…) Insgesamt wurden in den von Rumänien kontrollierten Gebieten 380.000-400.000 Jüdinnen und Juden ermordet.[8]

Ich las, dass Deine Familie von den Russen deportiert wurde aus Czernowitz?

Das war die Familie meines Vaters, die größtenteils Fabriken besaßen, wohlhabend waren; die Familie Hain und Jacob hatten eine große Baumwollweberei in Czernowitz und eine andere Schwester meines Vaters hatte eine kleine Trikotagenfabrik mit zehn Arbeitern, die mit Handstrickmaschinen gearbeitet haben. Sie wurden von den Russen nach Sibirien deportiert im Sommer 1941,[9] die Russen hatten Czernowitz seit 1940 besetzt. Nicht nur Juden hat man damals abgeholt, auch Polen, reiche Gutsbesitzer, ebenso reiche Rumänen und Ukrainer, die nicht geflüchtet waren. Auch die Intelligenz wurde deportiert. Rechtsanwälte, die gegen die Kommunisten verteidigt haben, wurden geholt, Apotheker mit eigenen Apotheken, auch Zionisten und Schriftsteller kamen nach Sibirien. Mein Onkel musste in dem vereisten Boden Sibiriens seine vor Hunger gestorbene Frau beerdigen. Ein kleines Loch hackte er in den vereisten Boden, musste dann seine Frau zusammenklappen, um sie in dieses Loch zu bekommen, zu beerdigen. Eine ganz schreckliche Geschichte!

Wer kam, nachdem sich die Russen zurückgezogen hatten?

---

[6] Dazu: https://de.wikipedia.org/wiki/Bukowina; https://de.wikipedia.org/wiki/Nationale_Jurij-Fedkowytsch-Universität_Czernowitz

[7] https://de.wikipedia.org/wiki/Rumänien

[8] https://de.wikipedia.org/wiki/Geschichte_der_Juden_in_Rumänien; https://de.wikipedia.org/wiki/Geschichte_der_Juden_in_Rumänien

[9] Dazu: Margit Bartfeld-Feller, Am östlichen Fenster – Gesammelte Geschichten aus Czernowitz und aus der sibirischen Verbannung. Konstanz 2002; Margit Bartfeld-Feller, Von dort bis heute – Gesammelte Geschichten aus Czernowitz sowie aus der sibirischen Verbannung und danach 1925–2015. Konstanz 2015.

Die deutsche Wehrmacht kam, war sehr stark, und die Russen zogen sich zurück. Die Deutschen bombardierten den Flugplatz in Czernowitz 1941, und die Flugzeuge am Boden wurden völlig zerstört. So hat der Krieg begonnen 1941. Dann ist das rumänische Militär eingedrungen, zusammen mit der deutschen Wehrmacht. Gleich am ersten Sonntag, nachdem sie am 5. Juli 1941 gekommen waren, wurden 200 Juden in Bila erschossen, der Oberrabbbiner war auch dabei und der Tempel wurde angezündet.[10] Auch mein Mann wurde eine Woche danach abgeholt, und zwei deutsche Offiziere haben dann sein Leben gerettet!

Richtig abenteuerlich hört sich das an, auch ungewöhnlich. Das möchte ich sehr gerne hören, erzähl mir bitte, wie es zu dieser Rettung kam.

Unsere Straße, die Maria Theresiengasse, wurde ganz einfach abgeriegelt. Die SS-Leute gingen von Haus zu Haus, geführt vom ukrainischen Hausmeister und suchten Juden. Dann nahmen sie alle jüdischen Männer mit, trieben sie zu Lastautos und brachten sie ins Kulturpalais. Du hast sicherlich in Czernowitz das Kulturpalais gesehen, am Theaterplatz? Dorthin brachte man erst eine Woche vorher die 200 Juden und den Oberrabbiner, und im Romanwäldchen am Pruth wurden sie erschossen. Dasselbe sollte nun auch mit meinem Mann und den anderen Mitgefangenen geschehen. Mit meiner Freundin Renée, einer Nachbarin, deren Vater auch dabei war, liefen wir in Richtung Kulturpalais. Am Theaterplatz tummelten sich bereits viele Menschen, da am Square. Heute ist dort ein paar Stufen herunter eine kleine Parkanlage. Überfüllt war der Platz und wir erfuhren, dass man auch andere Straßen abgesperrt hatte und auch von dort die Männer zu diesem Palais gebracht hatte. Ungefähr 400 waren es.

Während der Russenzeit 1940/41 durfte eine Familie nicht mehr als ein Zimmer bewohnen, so haben wir Freunde, die Familie Berler, die aus dem Süden der Bukowina kam, bei uns aufgenommen, so brauchten wir keine Fremden in unsere Wohnung nehmen.

Warum wurden nur die Männer mitgenommen?

---

[10] https://de.wikipedia.org/wiki/Geschichte_der_Juden_in_Czernowitzhttps://libmod.de/czernowitz/

Weiß ich nicht, doch eine Woche vorher wurde ich auch verhaftet von den Rumänen, das ist aber eine andere Geschichte.
Ich bin also dort herumgestanden in der Nähe des Tores. Plötzlich kam ein deutscher Offizier heraus, ein junger Offizier. Ich habe mich nie in den Offiziersgraden ausgekannt. Mein Schutzengel hatte mir einen Stubs gegeben, gehe auf ihn zu und frage ihn: "Entschuldigung, Herr Offizier, wissen Sie, was mit diesen verhafteten Männern geschehen soll?" Er lächelte freundlich und meinte: "Es tut mir leid, ich kann Ihnen das nicht sagen, ich bin Fliegeroffizier. Ich hoffe, man wird sie zur Arbeit an die Pruth-Brücke bringen."
Die Russen hatten diese Brücke gesprengt, als sie abgezogen sind.
Am Anfang tagte eine rumänisch-deutsche Kommission, die Handwerker, Ärzte und Ingenieure nach Hause schickte. Einige Bekannte waren auch darunter, doch mein Mann kam nicht! Nachmittags wurde die Sitzung mit SS-Leuten fortgesetzt. Die haben dann niemanden mehr herausgelassen. In der Zwischenzeit, das hörte ich später von meinem Mann, kam ein SS-Feldwebel zu den Gefangenen und befahl: "Alle aufstehen!" und irgendein Dokument herausgaben und auf den Tisch legten. Dann wollte der Feldwebel wissen, wer etwas gelernt, wer an einer Universität studiert hatte. "Ihr Juden wart doch immer so gescheite Leute", meinte er. Einer trat heraus und sagte, in Paris studiert zu haben. Daraufhin bekam er eine Watschen und wurde zurückgeschickt. Einem, der in Italien studiert hatte, erging es ebenso. "Hat denn niemand an einer deutschen Universität deutsches Wissen erworben?" Mein Mann stand auf und sagte, dass er in Prag an der Deutschen Technischen Hochschule studiert hatte. Noch zwei meldeten sich, so Herr Berler, der mit uns wohnte und in Wien studiert hatte und ein Freund meines Mannes, der in Brünn Student war. Die drei Juden waren ausgewählt und sollten einen Pack von 400 Dokumenten in einer Stunde alphabetisch ordnen. Man drohte ihnen, falls sie es nicht schaffen sollten, dass draußen bereits Galgen gezimmert wird und sie gehängt würden.
Das Sortieren war sehr schwierig, denn es waren nicht nur deutsche Dokumente, sondern auch rumänische, ukrainische und jüdische. All diese Dokumente hatten die Männer in ihren Taschen, auch Briefe in jiddischer Sprache oder Geburtsscheine, Taufscheine und viele verschiedene andere Zettel. Sehr, sehr schwer war diese Aufgabe, doch

die drei Männer hatten das in einer Stunde geschafft. Weißt Du, wenn der Strick dort hängt, dann schafft man das! Dann kam die Kontrolle, Stichproben wurden herauszogen aus dem Packen und die SS wollte wissen, was das sei? Wissen Du, was eine Ketubba ist? Eine Ketubba ist ein jüdischer Ehevertrag[11] von einem Rabbiner unterschrieben in hebräischer Sprache.

Die drei Juden schickte man auf ihre Plätze zurück. Erst eine Stunde später brachten deutsche Soldaten zwei Fässer mit Wasser und Knäckebrot. Sie sollten aus dem einen Fass trinken und im anderen, den Krug spülen. Hygiene musste sein. Sehr ungewöhnlich in einer Situation kurz bevor gehängt werden sollte. Ordnung musste sein, so richtig deutsch!

Was wurde dann aus den Gefangenen?

Nachts schliefen sie auf Bänken und morgens kamen SS-Leute, die alle Fenster und Öffnungen verklebten, selbst die Lüftung in dem Kinosaal und die Türen von außen. Alle Männer hatten plötzlich Todesangst, hörten das Rauschen und dachten ans Vergasen. Das muss ganz schrecklich gewesen sein. Einige bekamen Herzanfälle, sind in Ohnmacht gefallen vor Schreck und Angst. Nach fünf Minuten kamen die SS-Leute herein und meinten, sie hätten gerade viel Spaß mit den Juden gehabt!

Am gleichen Nachmittag zog ich meinen blauen Regenmantel mit weißen Tupfen an und wollte zu Major Finger, den SS-Obersturmbannführer von Czernowitz, also in die Höhle des Löwen! Weißt Du, wo der *Schwarze Adler* in Czernowitz ist? Am Ringplatz, das große Hotel an der Ecke. Dort war die Oberkommandantur der SS und dahin wollte ich gehen. Der Wache am Tor erklärte ich, dass ich zur Audienz gehen wolle zu Obersturmbannführer Finger. Stell Dir vor, ich mit meinem Kopf von 22 Jahren. Er meinte, dass der Kommandant in einer Sitzung sei. Das war mir egal, ich wollte warten. Neben dem Schwarzen Adler ist das Rathaus, und auf der Zeile dort gingen wir auf und ab, die Renee und ich.

Plötzlich sahen wir an der Ecke Liliengasse eine deutsche Uniform. Die deutsche Uniform bleibt stehen, dreht sich um und sagt:

---

[11] https://de.wikipedia.org/wiki/Ketubba

"Wen haben Sie da im Kulturpalais?" Das war der deutsche Offizier vom Vormittag! "Meinen Mann", war meine Antwort. Sehr jung habe ich damals ausgeschaut, man traute mir keinen Mann zu, deshalb stutzte er. Welchen Beruf er hätte und wo er studiert habe, war seine Frage. "In Prag, an der Deutschen Technischen Hochschule", sagte ich. Er lächelte mich an und erklärte mir, selbst zum Obersturmbannführer zu gehen. "Ich werde sehen, was ich für Sie tun kann." Ich sollte vor dem Schwarzen Adler warten. Sofort nannte ich ihm noch den Namen von Herrn Berler und den Namen des anderen Freundes meines Mannes, Marek Singer.

Eineinhalb Stunden warteten wir bereits, doch er kam nicht zurück. Mir war klar, dass er uns an der Nase herumgeführt hatte. Ein schrecklicher Sturzregen kam, und völlig durchnässt waren wir. Die Zeit war außerdem schon überzogen, an denen Juden ausgehen durften. Prompt kommt eine rumänische Streife mit drei Soldaten. Wenn sie uns legitimiert hätten, wären wir erschossen worden. Laut sagte ich ein Schimpfwort in rumänischer Sprache zu meiner Freundin. Sie bemerkten das und meinten, dass bereits rumänische Mädchen nach Czernowitz gekommen seien. Die Stadt war völlig ausgestorben.

Am nächsten Tag wussten Renee und ich immer noch nicht, ob mein Mann und ihr Vater noch lebten. Gleich morgens liefen wir wieder zum Theaterplatz, wo viele Leute warteten. Wir erfuhren, dass die Männer nicht erschossen wurden, noch lebten. Der Offizier, Klaus Geppert, so hat er geheißen, kam auf uns zu. Ich hatte ein ganz schlechtes Gefühl, doch er erzählte mir, dass mein Mann noch leben würde, dass alles in Ordnung sei. "Wollen Sie ihm vielleicht ein Brötchen hinaufschicken?" Ich hatte vorsorglich zwei Brötchenpakete mitgebracht. Eines für Brenner und eines für Berler. Der Offizier be-fahl dem Burschen, das Paket Herrn Brenner hereinzugeben. Um Gottes Willen, Herr Brenner, nicht der Jude Brenner! Mir befahl er mit ihm zu gehen.

Was geht in einem Kopf vor von einer jungen 22-jährigen Frau? Kannst Du Dir das vorstellen? Was will er von mir, wohin führt er mich, will er mit mir ins Bett? Ich bin doch eine Jüdin, das ist "Rassenschande"! Ich gehe mit ihm zum gewesenen Tempel, der schon sehr niedergebrannt war, die Kuppel fehlte völlig. Man hat sie nie wieder erneuert. Wir gingen die Karolinengasse herunter bis zum Hotel Bristol am Mehlplatz. Dort war die Oberkommandantur der Luftwaffe. Der junge Offizier führte mich herein und wir liefen durch einen langen Saal, eine Schreibstube. Dort saßen mehrere Uniformierte, die mich mit "Heil Hitler" empfingen. Stell Dir vor, mir sagten sie "Heil Hitler"! Sie wussten sicher, dass ich Jüdin bin. Am Ende des Saales wurde an die Tür geklopft, von drinnen hörte man "Herein". Die Tür wird geöffnet und ich wurde hineingeschoben.

Dort empfing mich der Oberst Mayritsch, der sich vorstellte. Ein älterer Herr in deutscher Fliegeruniform mit einer verbrannten Wange und einem verbrannten Arm in der Schlinge. Mit "Guten Tag, gnädige Frau", wurde ich von ihm begrüßt. Ein richtiges Wunder! Ein deutscher Offizier sagt zu mir, einer Jüdin, Gnädige Frau! Er bittet mich, Platz zu nehmen. Ich setzte mich auf ein Viertel meines Gesäßes und er erzählte mir, dass meine Schwiegermutter bereits hier gewesen sei. Das wunderte mich, wie war sie hergekommen? "Wir wollten eruieren, ob Sie richtige Angaben über Ihren Mann gemacht haben, und wir wollen Ihren Mann als Dolmetscher bei der deutschen Luftwaffe einsetzen. Er soll mit uns weiterziehen, einen deutschen Feldzug mitmachen. Er spricht mehrere Sprachen, das wissen wir. Die beiden anderen Herren, deren Namen Sie uns gegeben haben, werden auch mit uns kommen."

Ich konnte kaum antworten, alles war recht seltsam. "Muss das sein?", war meine kurze Frage. "Ist es Ihnen lieber, dass er hierbleibt und erschossen wird?", war seine Antwort.

Dass meine Schwiegermutter geholt wurde, beschäftigte mich. Sie war ja gar nicht zu Hause, sie war auf der Finanzdirektion, um sich zu melden. Damals mussten sich alle Pensionisten anmelden. Die Ordonanz von Oberleutnant Geppert hatte sie dort gefunden und in die Oberkommandantur der Luftwaffe gebracht. "Sie werden sich wundern, warum ich das getan habe? Ich bin Wiener und hatte sehr viele jüdische Freunde. Sie verstehen!" Weiter sagte er nichts. "Ja, kommen Sie doch einmal zu uns", bat ich ihn. Wir haben eine deutsche Bibliothek und deutsche Schallplatten. "Danke, nein, ich bin eh als verjudet verschrien, danke, nein", war seine Antwort. Greift meine Hand und sagt; "Küss' die Hand, gnädige Frau!" Ich dachte, ich träume! Dann entließ er mich.

Zurück ging ich durch den Saal, wo wieder alle aufstanden und "Heil Hitler" mir gesagt haben. Im Stiegenhaus erwartete mich die Ordonanz von Hans Geppert, ein junger Bursch, und meinte: "Der Oberleutnant lässt bitten." Was sollte ich bei ihm? In Hemdsärmeln stand er in seinem Zimmer vor dem Lavoire, war eingeseift und rasierte sich. Er war ein fescher Mann, und ich weiß nicht, wenn er nach mir verlangt hätte, ob ich nicht nachgegeben hätte? Das sage ich Dir heute, nur, um meinen Mann damals zu retten!

Er bot mir Platz an, entschuldigte sich, zog seinen Rock über und rasierte sich zu Ende. "Wollen Sie nicht heute abend ins Casino kommen, dort ins Kulturpalais? Wir Offiziere haben einen kleinen Abend!" Weiß er nicht, dass ich Jüdin bin?

"Ist das eine Bedingung, dass mein Mann herauskommt? " – "Nein", meinte er. "Ich dachte, ich gefalle Ihnen ein wenig?" –"Ich weiß nicht, ob das eine gute Idee ist, weder für Sie, noch für mich! "

"Gestatten Sie, dass ich Sie zu Hause besuche?" Er ist dann jeden Tag gekommen, hat Lebensmittel gebracht, Brot, Seife und andere Dinge. Ich habe nie so etwas erlebt; ich kann dieses Gefühl gar nicht beschreiben. Wir haben ihm eine Leica, eine Fotokamera, geschenkt.

Weißt Du, warum er das alles für uns getan hatte? Ich habe ihm gefallen, das ist die eine Sache, doch die andere ist, dass er ein Kollege meines Mannes war. Er hatte die Deutsche Technische Hochschule in Prag absolviert 1936 und war in der Parallelklasse. Sie hatten sich aber nicht gekannt.

Er erzählte uns, dass er dreimal mit anderen SS-Leuten zu den Gefangenen gegangen sei und Gottfried Brenner, so hieß mein Mann, aufgerufen hätte. Jedes Mal erschrak mein Mann ganz furchtbar und dachte, dass er abgeführt würde. Doch Ingenieur Geppert stellte ihm immer wieder die gleiche Frage, wo und wann er studiert hätte, wer seine Professoren waren. Sie hatten beide die gleichen Professoren.

Später habe ich nie wieder etwas von ihm gehört. Ich habe ihn gesucht, 25 Jahre nach dem Zweiten Weltkrieg. Vorher aus Rumänien war das nicht möglich, erst hier, in Israel, konnte ich damit beginnen.

Wurde Dein Mann dann entlassen?

Ja, am selben Tag. Er war nur einen Tag und eine Nacht verhaftet. Die anderen beiden kamen auch heraus. Er musste sich jeden Tag bei der

Wehrmacht melden, bei Oberst Meyritsch, und machte Übersetzungen. Doch nur drei Tage, dann benötigte man ihn nicht mehr. So ist er den Klauen des Obersturmbannführers Finger entkommen.

Nun war er entlassen, doch er war ja immer noch Jude.

Ja, es waren doch viele Juden in Czernowitz. Danach kamen wir ins Ghetto. Straßen wurden mit Bretterzäunen abgesperrt, um zu verhindern, dass wir heraus konnten. Es war nicht unsere Straße, wir kamen zu Freunden, die in diesem abgesperrten Stadtteil gewohnt haben. Dort waren wir dann einen ganzen Monat. 24 Personen wohnten in einem Zimmer. Du kannst Dir vorstellen, was das für schreckliche Lebensverhältnisse waren. 50 Personen, eine Toilette, ein Badezimmer!

Was ist dann mit Dir und den anderen Menschen aus dem Ghetto geworden?

Man hat begonnen, Juden aus dem Ghetto zu deportieren. Die Deportationen gingen jeden Tag mit Fuhrwerken bis zum Bahnhof, dann wurden die Menschen in Viehwaggons verladen und nach Transnistrien[12] deportiert in die Lager. Mein Onkel Emil, der Apotheker, Bruder meiner Mutter, war im Jüdischen Gemeinderat und hatte davon schon gehört.

Viele wurden deportiert. Meine Mutter war schon am Sammelplatz und die Frau eines Pfarrers, die im Haus meiner Mutter gewohnt hat, ging zum Kommandeur und sagte: "Wenn diese Familie deportiert wird, dann gehe ich mit. Ich bin Witwe eines Pfarrers und diese Familie hat mich versteckt während der Russenzeit." Dann unterschrieb

---

[12] Damals eine Region in der südlichen Ukraine zwischen dem südlichen Bug im Osten, dem Dnister (Dnjestr) im Westen, dem Schwarzen Meer im Süden und jenseits von Mohyliw-Podilskyj im Norden: "Die Bezeichnung Transnistrien ist ein geopolitischer Terminus, der im Zweiten Weltkrieg benutzt wurde; er bezieht sich auf einen Teil der Ukraine, den die deutschen und rumänischen Truppen im Sommer 1941 eroberten und den Hitler Rumänien zur Belohnung für dessen Teilnahme am Krieg gegen die Sowjetunion überließ." Eberhard Jäckel et al. (Hg.), Enzyklopädie des Holocaust. Band III, München 1995, S. 1421; https://deacademic.com/dic.nsf/dewiki/2609662; nicht zu verwechseln mit der heutigen 'Republik Transnistrien', die von keinem Staat der Welt anerkannt ist; https://de.wikipedia.org/wiki/Transnistrien

der Kommandeur den Wisch, und meine Mutter, Tante und Onkel konnten nach Hause. Alles ist Zufall im Leben![13]

Das ist ja schon wieder ein Zufall, so wurdet Ihr nicht deportiert!

Alles ist Zufall im Leben! Dann kam eine Autorisation, Du kannst sie fotokopieren, ich habe sie noch. Es ist eine Bestätigung, dass man in Czernowitz bleiben kann.

Das ist ja ungewöhnlich, ich weiß nicht, ob es so etwas in Westeuropa gab.

Nein, ich glaube nicht. Ich habe ganz vergessen, Dir zu erzählen, dass die Erschießung der gefangengenommenen Männer genau so vonstatten gehen sollte, wie eine Woche zuvor die Erschießung der 400 Juden. Dann kam der Sturzregen, die Autos waren schon vorbereitet, um die Leute herunterzubringen zur Erschießungsstätte. Der Sturzregen hat die Männer gerettet, weil die Autos nicht herausfahren konnten, und nach einer Stunde kam der Wiederruf der Erschießungen aus Bukarest.

Das hört sich schon wieder wie ein Wunder an. Darauf haben damals ja viele Juden gehofft, und eigentlich geschahen damals kaum Wunder! Doch auch die schriftliche Erklärung hört sich wie ein Wunder an.

10.000[14] Juden bekamen in Czernowitz eine Genehmigung von über 50.000 Jüdischen Bürgern der Stadt. Die anderen waren ja schon nach Sibirien deportiert worden, viele sind nach Transnistrien gebracht worden, dort sind sie an Hunger und Typhus gestorben oder wurden über dem Bug erschossen.

Haben die Russen die Juden nach Sibirien verschleppt?

Ja, es gab ja verschiedene Deportationen.

---

[13] Siehe: Joseph Mlawski, "Ein Zufall hat mir das Leben gerettet", in: Erhard Roy Wiehn, Ghetto Warschau. Konstanz 1993, S. 213 ff.; dazu: Zwi Helmut Steinitz, Durch Zufall im Holocaust gerettet – Rückblick eines Israelis aus Posen, der das Krakauer Ghetto und deutsch KZs durchlitt und überlebte. Konstanz 2012

[14] 15.000-20.000; https://de.wikipedia.org/wiki/Czernowitz

Ach, siehst Du, dieses ist ein Identitätsausweis. Hier ist die Übersetzung ins Deutsche. Dieses hier ist die Bestätigung, die Dienst-Order, eine Übersetzung aus der rumänischen Sprache in die deutsche: "Lujani" A.G. Zuckerfabriken Jucica, Lujeni und Crisciatic. 13. Dienstorder: "Der Besitzer des vorliegenden, Brenner, Gottfried, Ingenieur, zur Zwangsarbeit eingezogen in unserer Fabrik in Jucica, wohnhaft in Czernowitz, Miron Costin St. Nr. 11 A, Besitzer der Genehmigung Nr. 2791 vom 20. Oktober 1941, erteilt vom Gouverneur der Provinz Bukowina, ist berechtigt sich zu und von seinem Dienstort in der Zuckerfabrik in Alt-Jucica zu begeben. Die vorliegende Dienstorder wird ihm als Legitimation für den Eintritt bzw. Ausgang aus dem Judenghetto dienen. Gültig nur bei Vorweisung der Genehmigung. 'Lujani', Zuckerfrabrik A.G. – Für den Major: *unleserlich* (s.s.) L.S. (Gendarmeriebataillon). Czernowitz, den 27. Oktober 1941"

Du musst wissen, die Königinmutter Maria von Rumänien, hat die jüdische Gemeinschaft geschützt. Sie hat auch gestattet, dass man Sendungen in die Lager schicken darf. Man hat Sammlungen in Rumänien organisieren lassen und das Geld in die Lager geschickt. Der Patriarch der orthodoxen Kirche unterstützte das, auch das bulgarische Königshaus war für die Juden. Jüdische Ärzte behandelten die Königliche Familie.

Wurden aus dem Czernowitzer Ghetto viele Juden deportiert?

Jeden Tag gingen Transporte nach Transnistrien in die Lager, später wurden an verschiedenen Sonntagen tausende von Juden dorthin deportiert.[15]

Gestern habe ich ein wenig im Buch von Edgar Hildsenrath gelesen. Er kam als Kind mit seiner Mutter und seinem Bruder von Leipzig in die Bukowina in die Kleinstadt Sereth zu seinem Großvater. Dort meinten die jüdischen Dorfbewohner: "Ach, wer ist denn der Herr Hitler, ach, der ist doch weit weg, der kommt doch nicht zu uns, der will doch nichts von uns." Offenbar haben die Menschen, die Juden,

---

[15] Von den Sowjets wurden ca, 30.000 Jüdinnen und Juden nach Sibirien deportiert; von den Rumänen und Deutschen wurden ca. 42.500 nach Transnistrien, nur ca. 16.000 überlebten; https://www.bukowina-portal.de /de/ct/348-Jüdische-Gemeinde

nicht damit gerechnet, dass Hitler über die Karpaten kommen würde. Dabei haben Juden in Deutschland bereits die Beine unter die Arme genommen, als sie fühlten, dass das mit diesem "Führer" kein gutes Ende für sie nehmen würde. Wer konnte, ist doch nach England und Amerika ausgereist.

Wenn man Verwandte dort hatte, oder Einreisebewilligungen bekam. Viele haben es nicht getan, weil sie nicht ahnten, dass es für sie so schrecklich werden könnte. Sie sind geblieben, obwohl sie hätten gehen können. Sie fühlten sich als Deutsche! Als wir noch in Ploieşti in Rumänien im Jahr 39/40 wohnten, sind bereits Juden von dort nach Australien gegangen. Die hatten Verwandte dort und konnten ausreisen.

Sind sie ausgereist, weil sie Angst vor den Nazis hatten oder weil sie bessere Lebensverhältnisse suchten?

Schau, das ist eine Gewissensfrage. Nun, damals wanderte man hin und wieder aus, um eine bessere Zukunft zu bekommen.

Mit diesen Bescheinigungen ging das Leben dann für Euch weiter?

Ja, wir hatten keine Verdienstmöglichkeiten. Dann wurde diese Familie Berler aus unserem Hause nach Transnistrien deportiert. Der Sohn war nicht zu Hause, wurde nicht mitgenommen. Er war sechs Jahre jünger als ich, heute ist er 82, damals war er 15 Jahre alt. Die Nazis hatten ihn also nicht bekommen. Dann wurde er von den Rumänen zur Zwangsarbeit beordert. Jugendliche und Männer zwischen 15 und 40 Jahren kamen in Rumänische Arbeitslager, um Schienen zu legen, Straßenarbeit zu machen usw.

Währenddessen hat man die Deportationen weitergeführt. Das wurde sehr willkürlich gehalten. Wenn eine Anzeige einging, dass man Kommunist war, oder bei den Russen in einem politischen Unternehmen gearbeitet hat, wurde man ausgehoben in der Nacht und deportiert nach Transnistrien. Während dieser Kurt Berler im Arbeitslager in Rumänien war, kamen die Eltern nach Transnistrien. Der 15jährige Berler hat mit dem Paul Celan zusammengearbeitet in Tabarest (Tabaresti). Er sagte mir später, dass Paul Celan damals sehr schwächlich war, und so hat er ihm bei der schweren Arbeit geholfen. Übrigens,

Paul Celan war zweimal bei uns zu Hause. Er kam mit Kurt Berler nach Czernowitz, weil das Arbeitslager 1943 aufgelöst wurde. Kurt hat dann eineinhalb Jahre bei uns gewohnt, wurde von meiner Schwiegermutter, meinem Mann und mir wie ein Sohn behandelt und bekam von uns sein Taschengeld. 1944 als die Russen wieder zurück-kamen nach Czernowitz, ging er zu Roten Armee und hat den Krieg bis zum Ende mitgemacht. Erst im Jahr 1947 kehrte er zurück. Später wurde er Glasingenieur und machte Karriere. Heute lebt Kurt Berler in Belgien und ist ein weitgereister Mann.

Das war so ein Intermezzo.

Ich wollte Dir weitererzählen: Bevor die Berlers 1942 deportiert wurden klopfte es 1941 an unsere Tür. Bei jedem Klopfen hatten wir furchtbare Angst. Ich sah durch das Guckloch. Doch diesmal stand da eine andersfarbige Uniform, eine italienische. Der betreffende Soldat wollte wissen, ob hier Paula Brenner wohnt. Paula Brenner war meine Schwiegermutter. "Einen Moment, ich schicke sie zur Tür." Sie kam an die Tür und der italienische Feldwebel stellte sich vor. Er sei Alfredo Giosani aus Milano. Daran erinnere ich mich sehr genau.

Wieso ein italienischer Offizier?

Die Italiener waren ja Verbündete der Deutschen. Er kam herein mit einem kleinen Köfferchen, das er auf den Tisch stellte und sagte, er sei Verbindungsoffizier. "Ich komme von der Jüdischen Gemeinde in Bukarest und helfe. Ich habe hier in diesem Koffer 5 Millionen Lei, um sie in die Lager zu bringen. Ich kann diese Nacht unmöglich über die Grenze, den Dnjestr, kommen. Die Adresse von Ihnen habe ich von der Jüdischen Gemeinde in Bukarest bekommen. Dort sagte man, dass ich das Geld bei Ihnen lassen kann." Meine Schwiegermutter antwortete erregt, dass sie kein Geld annehmen würde und wollte ihm eine andere Adresse geben: "Vielleicht können sie dort das Geld lassen." Der Italiener ging und ließ uns seine italienische Adresse. Ich weiß noch heute, wie er hieß und, dass er in der Via Mala 10 in Milano wohnte. Das Geld hat er dann aber doch herübergebracht über den Dnjestr.

Der Dnjstr wird immer erwähnt: Ist er ein Fluss in der Nähe von Czernowitz?

Nein, nein, in der Nähe ist der Pruth. Der Dnjestr ist schon in Bessarabien. Er fließt von Polen herunter, das war die Grenze zwischen der Ukraine und Rumänien. Hast Du eine Landkarte? Sieh, hier ist der Pruth, hier der Sereth und hier der Dnjestr. Hier wirft er sich ins Donaudelta, dann ins Schwarze Meer. Ich glaube, ich bin über den Dnjestr gefahren mit dem Zug als ich von Lemberg nach Czernowitz mit dem Moskau-Czernowitzer gemächlichen Zug im Juni 2007 fuhr.

Siehst Du, hier ist die Bukowina und hier Bessarabien. Bessarabien gehört heute zur Moldauischen Republik. Früher gehörte es zur Ukraine. Hier in Ataki am Dnjestr in Bessarabien wohnten deutsche Siedler. Es waren sehr viele Lipowener Deutsche dort. Ich glaube, einmal gelesen zu haben, dass die Familie Deines Bundespräsidenten Köhler, auch dort angesiedelt war. Am Delta des Flusses lebten die Fischer.

Hier brachte man die Gefangenen über den Dnjestr nach Mogilew. Sieh, hier war das Zentrum der Deportationen und hier waren die verschiedenen Arbeitslager und Vernichtungslager. Hier siehst Du den Bug. Dort über dem Bug lag die deutsche Organisation Todt, die alle Juden erschossen hat.[16] In diesem Buch, das ich Dir gegeben habe, steht darüber.

Im ersten Russenjahr 1940/41 haben sie die Identitätsbüchlein mit Nummern herausgegeben, wie ein Passport haben sie ausgeschaut. Die Nummern, die mit 39 geendet haben, waren schon vorbereitet zur Deportation. Das wusste man von der IPA (Jüdischer Plottke-Agentur [Gerüchteküche]), die das über Spitzel erfahren hatte. Wer einen 39er Pass hatte, dem passierte etwas, der war ein nicht gewünschter Bürger.

Erfuhren das die jüdischen Mitbürger beizeiten, um sich eventuell noch retten zu können?

Die Menschen erfuhren das erst im letzten Moment. Wenn Sie es früher gewusst hätten, wäre das sicherlich eine Rettung gewesen.

Wir sprachen über den jungen Mann, der gerettet wurde, weil er nicht zu Hause war als die Eltern abgeholt wurden. Was ist dann aus Paul Celan und seinen Eltern geworden?

---

[16] Im Jahre 1938 gegründete paramilitärische Bautruppe; dass sie hier Juden erschoss, konnte nicht verifiziert werden und ist eher unwahrscheinlich; https://de.wikipedia.org/wiki/Organisation_Todt

Hier in der Cariera de Piatra (Steinbruch) waren die Eltern von Paul Antschel (rumänisch: Anczel), so hieß Paul Celan. Sein Vater ist dort an Typhus gestorben und die Mutter wurde erschossen, während Paul Celan mit Kurt Berler im Arbeitslager war.[17] Celan kam zurück nach Czernowitz, dann ist er nach Bukarest gegangen, dann nach Wien, wo er mit Ingeborg Bachmann befreundet war. Dann, in Paris hat er geheiratet, eine adelige französische Katholikin. Sie bekamen den Sohn Erich und 1957 nahm sich Paul Celan in Paris das Leben.

Wir haben ständig über die Männer gesprochen, die in Arbeitslager kamen, die Bescheinigungen bekamen usw. Wie erging es den Frauen?

Die Frauen durften nicht arbeiten, doch eine Zeitlang machte ich Zwangsarbeit. Ich kann es heute nicht beweisen, deshalb bekomme ich keine Pension. Während der Russenzeit habe ich in der Stadtbibliothek gearbeitet. Literatur in verschiedenen Sprachen wurde angeboten. Aus den verlassenen Wohnungen und Häusern hatte man Privatbibliotheken gebracht, die wir dann inventarisieren mussten. 10-15 Frauen arbeiteten in dieser Bibliothek, andere waren zu Hause während der dreieinhalb Jahre.

Lebensmittel wurden "organisiert", während der deutsch-rumänischen Besetzung. Man veräußerte, was man noch hatte, um Essen für die Familie zu ergattern. Silberbestecke, Polster, Kleidung u.a. wurden dafür hergegeben. Das war 1945 bevor die Russen wiederkamen, Wochen vor Kriegsende. Die Russen zogen dann als Sieger weiter nach Ungarn, ja, bis nach Berlin.

Einige Dichter gab es damals in Czernowitz, so auch Immanuel Weissglas[18] und Alfred Kittner.[19] Die haben mit mir zusammen in der Bibliothek gearbeitet, sowohl im ersten als auch im zweiten Russenjahr. Sie wurden beide deportiert nach Transnistrien und haben dort sehr schöne Gedichte geschrieben. Sie überlebten und kamen zurück.

---

[17] Genaueres dazu in: https://de.wikipedia.org/wiki/Paul_Celan

[18] https://de.wikipedia.org/wiki/Immanuel_Weissglas

[19] "Alfred Kittner 1940", in:_ Hedwig Brenner, Begegnungen mit Menschen und Städten. Konstanz 2015, S. 37 ff. ; https://de.wikipedia.org/wiki/Alfred_Kittner

Immanuel Weissglas ging nach dem Krieg nach Bukarest und starb dort 1979 an einem Gehirntumor. Er war ein sehr netter Junge, ungefähr so alt wie ich. Alfred Kittner war später bei uns zu Besuch in Haifa vor ungefähr 19 Jahren. Er lebte in Düsseldorf, wo er 1991 starb. Rose Ausländer[20] kannte ich nicht persönlich, habe aber viel über sie gehört. Sie war sehr viel älter als ich. Sie gehörte zum Brunner-Kreis in Czernowitz, auch meine Eltern waren in diesem Freundeskreis. Rose Ausländer war eine große Verehrerin von Constantin Brunner[21] und Ende der 1920er oder Anfang der 30er Jahre war sie bei ihm zu Besuch in Potsdam/Berlin. Brunner starb 1937 im Exil in Den Haag. Seine zweite Frau und seine Stieftochter wurden nach Auschwitz deportiert und sind dort zugrunde gegangen. Rose Ausländer lebte im Krieg auch im Czernowitzer Ghetto, nachdem sie zuvor den Ausländer in den USA geheiratet hatte. Zu ihrer kranken Mutter kehrte sie zurück in die Bukowina, überlebte, ging wieder in die USA und dann nach Düsseldorf, 1988 starb sie dort.

Nun komme ich ganz durcheinander, jetzt sagst Du wieder Russenzeit!

Ja, wir hatten zwei Russenzeiten. Das erste Russenjahr 1940/41, wo die Deportationen nach Sibirien waren. Dann brach der Krieg aus, die Russen haben sich zurückgezogen, weil die Deutschen kamen. Das war die deutsche und rumänische Besatzung, die viele Leute erschossen haben, geplündert haben usw. Dann zogen sich die Deutschen zurück. Dieser Rückzug war sehr, sehr interessant. Wir wussten nicht, was sein wird, wenn die zerrüttete deutsche Armee durch Czernowitz ziehen würde. Wir suchten Verstecke, weil wir dachten, dass sie auf dem Rückzug die Juden erschießen werden. Alle jüdischen Familien, die hier in Czernowitz noch wohnten, haben sich auf Dachböden versteckt. Da war eine hohle Wand, welche knapp bis unter den Dachstuhl reichte. Dort musste man mit einer Leiter heraufsteigen, die wir dann nach oben unter den Dachstuhl zogen, wenn wir darübergeklettert waren. 1944 dann kam die deutsche Armee durch Czernowitz, plünderte Wohnungen, die Soldaten verlangten mit vorgehaltenen Gewehren Geld und Männerkleidung. Sie wollten keine deutschen

---

[20] https://de.wikipedia.org/wiki/Rose_Ausländer
[21] https://de.wikipedia.org/wiki/Constantin_Brunner

Uniformen mehr tragen, weißt Du? Sehr viele wurden deshalb von ihren Kameraden erschossen. Von meiner Tante und meiner Mutter bekamen sie Anzüge und Hemden. Man hat doch hier in Berlin gesehen, wie Hitler die jungen Burschen geopfert hat, um Berlin zu verteidigen!

In der Bukowina waren die Russen für Euch 1944 die Rettung?

Ja, natürlich war das im Moment unsere Rettung. Es bestand ein Interregnum, nachdem die Rumänen abgezogen waren und die Russen kamen. Das war schrecklich, ein roter Blutrückzug. Man hat viele erschossen, ganze Dörfer wurden vernichtet. Beim Vormarsch im Jahre 41/42 haben sie gemordet und beim Rückzug haben sie den Rest der noch Lebenden umgebracht. Mord über Mord, auch ukrainische Bauern haben mitgemacht.

Ich dachte nur die Nazis, die Deutschen, hätten so schreckliche Untaten vollbracht?

Nein, nein, nicht nur die Nazis, auch Ukrainer waren Helfershelfer. Auch in den Lagern waren ukrainische und litauische Soldaten [in den Reihen der deutschen Wehrmacht und SS] die Schrecklichsten.

Der Krieg war dann 1945 zu Ende und Du und Dein Mann lebten in Czernowitz, waren den Grausamkeiten entkommen, waren mit heiler Haut davongekommen. Kinder hattet Ihr noch keine?

Ja, für uns Bukowiner war der Krieg zu Ende, die Russen zogen wieter nach Bukarest, wo noch heftige Kämpfe um die Stadt stattfanden. Ich war schwanger, das erste Kind wurde geboren und starb. Wieder ein Fluch von Lea, denke ich.

Was hat das mit einem Fluch von Lea zu tun? Erzähl bitte!

Meine Urgroßmutter Fanny sollte einen frommen Chassid in Kolomea heiraten, doch sie floh mit einem anderen. Den blonden Leon Feuerstein mit den schönen blauen Augen wollte sie haben und heiratete ihn heimlich. Ihre Eltern hatten kein Verständnis für die Heirat und verstießen die Tochter. Mutter Lea verfluchte Feigale, ihre Kinder und Kindeskinder und wollte sie nie mehr sehen! Nie sah Feigale ihre Eltern und Galizien wieder. In der neuen Familie in Klocucska wurde sie wie eine Tochter empfangen und aufgenommen. Faigales und Leons erstes Kind starb bei der Geburt und dieses Unglück zog sich weiter durch die nächsten Generationen.

Die Bukowina wurde abhängiger von der Sowjetunion, die die Bevölkerung mehr und mehr gegen den Westen isolierte. Der Kalte Krieg begann. Scharenweise gingen Czernowitzer über die Grenze nach Rumänien. Habt Ihr auch daran gedacht?

Unter den Russen habe ich dann wieder in der Bibliothek gearbeitet. Die Bukowina wurde russisch besetzt. Wir blieben also in Czernowitz, so rasch konnte man nicht fort. Man hatte Angst, sich einzutragen, um wegzukommen. Russland war im Krieg und Rumänien der Feind. Das ging nicht.

Wann hast Du dann endgültig mit Deiner Familie Czernowitz, die Bukowina verlassen?

Mit meinem Mann, meiner Schwiegermutter, meiner Mutter im April 1945. – Mit dem NKGB hatte ich ein trauriges Erlebnis bei unserer Ausreise.

Was ist das NKGB?

Das ist die russische Sicherheitspolizei (Volkskommissariat für Staatssicherheit). [22] Meine Schwiegermutter hatte noch ein wenig Schmuck, für alle Fälle, damit man sich notfalls herauskaufen kann, sollte man in die Hände des NKGB fallen. Mit Geld und Schmuck ging das im allgemeinen in Rumänien und auch in Russland, nicht in Deutschland. Meine Schwiegermutter hatte einen Ring, ein Ketterl, zwei Goldstücke und 25 US Dollar. Das war ihre eiserne Reserve. Zur Ausreise

---

[22] "Das Volkskommissariat für Staatssicherheit (NKGB) (russisch Народный комиссариат государственной безопасности, *Narodnij Komissariat Gossudarstwennoi Besopasnosti*) war von Februar bis Juli 1941 ein eigenständiges Staatskommissariat. Danach wurde es aus der Hauptverwaltung für Staatssicherheit (GUGB) innerhalb des NKWD herausgelöst. Das Kommissariat war damit wieder dem Innenministerium der UdSSR direkt unterstellt. 1943 wurde es erneut aus dem NKWD ausgegliedert und als eigenständiges Staatskommissariat einem Ministerium gleichgestellt." https://de.wikipedia.org/wiki/Volkskommissariat_für_Staatssicherheit

aus der UdSSR, wozu ja nun die Bukowina gehörte, ließen wir uns Holzkisten zimmern, um ein wenig Hab und Gut, was so geblieben war, mitzunehmen nach Rumänien. Natürlich keine Möbel, nur Kleider, Wäsche usw.

Ich wollte unbedingt die Sachen meines Schwagers, dem jüngeren Bruder meines Mannes, mitnehmen. Er war in Russland, hatte Tiermedizin studiert in Kischinew/Moldawien und zog mit der Universität nach Tiflis und dann nach Dschalalabat/Kirgistan. Er beendete dort sein Studium und arbeitete als Tierarzt in einem Kolchos in 3000 m Höhe im Himalaya. Dorthin konnte man nur mit dem Esel kommen. Wir haben dreieinhalb Jahre überhaupt nicht gewusst, ob er noch lebt. Über das Rote Kreuz bekamen wir dann ein Lebenszeichen von ihm. Auch von uns wusste er nichts. So kam dann die Verbindung, und erst ein Jahr später durfte er nach Czernowitz kommen. Wir mussten ihm einen Propusk schicken, das ist so ein Passierschein. Doch als er dann kam, waren wir bereits fort, konnten nicht auf ihn warten. Meine Schwiegermutter hatte alle Sachen von ihm. Wir wollten, dass er nachkommt zu uns nach Rumänien. Wieder wartete er ein Jahr, denn die Grenze war gesperrt.

Alles, was wir noch hatten und mitnehmen durften, wurde in die Kisten verpackt, die von einem privaten Tischler konfektioniert wurden. In einer dieser Kisten hatte meine Schwiegermutter ihren Schmuck einbauen lassen. Drei Leute wussten davon. Wir, der Tischler und die Familie Berler. Dann noch ein jüdischer Freund meiner Schwiegermutter, der Direktor des Theaters war. Warum sie das überhaupt erzählt hatte, wusste ich nicht. Wir hatten einen Propusk gekauft, damit wir ausreisen durften. 3.500 Rubel hat der gekostet. In der Frühe sollte das Lastauto kommen, uns abzuholen und an die Grenze zu bringen.

In dem Moment, in dem wir die Kisten aufs Auto transportiert haben, sind zwei blaue Uniformen aufs Auto gestiegen und befahlen dem Fahrer zum NKGB zu fahren. Diese befand sich in der Musikvereinsgasse, einer Seitengasse der Hauptstraße. Es war sehr unangenehm, denn wir wussten nicht, was sie wollten. Meinen Mann fragten sie direkt, wo er den Schmuck versteckt hat. Doch dieser antwortete, dass er nichts weiß. Man befahl ihm ins Büro mitzukommen. Ich stand da mit dem dicken Bauch und ging hinterher. Die Tür war angelehnt, und man gab meinem Mann ein Schriftstück zum Unterschreiben. Er sollte unterschreiben, nichts versteckt zu haben. Ich steckte meinen Kopf zur Tür herein und machte ihm Zeichen, dass er nicht unterschreiben soll. Die Securitate drohte ihm mit zehn Jahren Haft in Sibirien. Zwei Männer hackten dann die eine Kiste auf und schütteten alles heraus. Sie fanden natürlich den Schmuck, hatten also von jemandem erfahren, in welcher Kiste er sich befand. Es waren ja drei gleich große Kisten. Ich wusste es auch nicht, also hatte uns jemand verraten.

Wie ging dann die Geschichte aus, schließlich wolltet Ihr auswandern nach Rumänien?

Sie hatten also gefunden, was sie suchten, und die Soldaten sahen sich den Schmuck und die Dollars an. Amerikanski, Amerikanski, amerikanisches Geld! So etwas hatten sie noch nie gesehen.

Meinem Mann sagten sie: "Du wirst nach Sibirien kommen, das andere kommt auf die Gosbank (Staatsbank der UdSSR). Ich dachte schon, mein Kind alleine zu bekommen und es alleine erziehen zu müssen. Dann tauchte ein jüdischer Offizier, ein Major, auf und spricht meinen Mann jiddisch an: "Du brauchst keine Angst zu haben, diese Sachen hier werden in den Stiefeln von den Kollegen verschwinden, und Du wirst von einem Soldaten direkt an die Grenze gebracht werden." Sie gaben uns einen Sack, in den wir die herumliegenden Sachen packten. Man hat uns wieder aufs Auto gesetzt, dann haben wir meine Mutter und die befreundete Familie Singer abgeholt und sind tatsächlich zur Grenze gebracht worden.

Hinter der Grenze hat man die Kisten auf einem Feld abgeladen. Dann kam die rumänische Kontrolle und durchsuchte. Das war im Niemandsland zwischen Rumänien und Russland. Dann kamen Ochsenwagen, haben aufgeladen und so sind wir mit Ochsenwagen in Rumänien eingefahren in schrecklichem Regen. In der Stadt Dorohoi (Nordost-Rumänien) bin ich herumgegangen und fragte nach einem möblierten Zimmer für uns alle. Wir waren 24 Personen und alle zusammen schliefen wir in einem Zimmer drei Wochen lang bis wir nach Bukarest gefahren sind. Das ist die Geschichte mit dem NKGB und unsere Auswanderung aus der Heimat, der Bukowina.

Der Offizier fragte meinen Mann, ob er mit einer Abmeldebestätigung von seinem Job weggegangen sei. Mein Mann hat in der Zuckerfabrik gearbeitet und seinem Direktor nicht erzählt, dass er weggeht. Man musste sich aber abmelden. Dieser Offizier rief dann den Direktor an und fragte, ob Brenner in der Zuckerfabrik gearbeitet hat, und ob er ihm die Erlaubnis gegeben hätte, wegzufahren. Dieser antworte mit "Ja!" Das war sehr anständig. Wenn er mit "nein" geantwortet hätte wäre mein Mann zurückgebracht worden, und die Russen hätten ihn vor ein Gericht gestellt.

Ihr hattet aber doch die Ausreise beantragt?

Nein, nein, wir haben eine Ausreise gekauft. Das war illegal. Russische Offiziere haben gefälschte Ausreisepapiere verkauft.

Warum wolltet Ihr überhaupt nach Rumänien, ihr hättet ja auch bei den Sowjets bleiben können, schließlich war Rumänien auch ein kommunistisches Land?

Wir wollten nicht unter russischem Regime leben. Es war unmöglich, nein, wir wollten es nicht!

In früheren Jahren hatten mein Mann und ich bereits eineinhalb Jahre in Rumänien gelebt, in Ploieşti, im Petrolgebiet, im Jahr 39/40. Das Raffinerienzentrum ist in Ploieşti, 60 km nördlich von Bukarest. Es zieht sich bis nach Braila, Buzau, bis Galati bis an die Subkarpaten, eine Hügellandschaft. Die Sonden bringen das Petroleum aus der Erde, die Pipelines befördern das Öl in die Raffinerien, wo es zu Benzin verarbeitet wird. Die Rumänen mussten den Russen viel Öl liefern; heute gibt es dort kaum noch welches.

Damals 1939, am Tag unserer Hochzeit, bekam mein Mann den Job als Geschenk der Gesellschaft. Drei Monate vor unserer Hochzeit hatte er ein Interview mit dem Direktor der Royal Dutch Shell Company, einer deutsch-englisch-holländischen Firma. Vierzehn Tage nachdem wir geheiratet haben, sind wir ins Petrolgebiet nach Rumänien gezogen. Dort haben wir gelebt bis zum Einmarsch der Russen in Czernowitz 1940. Wir hatten im Radio gehört, dass Czernowitz am nächsten Tag abgetreten wird. Mit dem letzten Zug kamen wir bis Czernowitz bis zum Südbahnhof, um meine Mutter und Schwiegermutter zu holen. Doch wir durften dann Czernowitz nicht mehr verlassen, mussten dort bleiben und haben so den Krieg in Czernowitz überlebt.

Unser gesamtes Hab und Gut, meine Aussteuer, haben wir in Ploieşti verloren, weil wir nicht mehr zurückkonnten. Ja, so haben wir nach dem Krieg wieder neu angefangen, einen Hausstand zu gründen in Rumänien und das dritte Mal in Israel.

Weißt Du, Heimat ist bei mir, wo ich geboren bin, wo ich meine Jugend verbracht habe. Wenn man sie dann verlässt und mehrere Heimaten dazubekommt, dann sind das nur Surrogate. Czernowitz ist meine Heimat geblieben!*

Ihr seid dann 1947 nach Rumänien eingewandert, Deine Kinder sind dort geboren worden, und Du bekamst auch einen Beruf.

1947 wurde Paul in Ploieşti geboren und 1950 Michael. – Ach, ja, ich wollte ja immer Medizin studieren, doch in Ploieşti gab es keine Medizinische Fakultät. Bis nach Bukarest war es zu weit, ich hatte ja Kinder. Da habe ich in Ploieşti eine Ausbildung als Krankenschwester gemacht und dann noch als Physiotherapeutin. Nach den Prüfungen wurde ich Assistentin in der Physiologischen Abteilung. Die Ärzte kamen zu mir, wenn sie französische, englische und deutsche Präparate hatten und ließen die Anweisungen und Prospekte von mir übersetzen.

Rumänien war ebenfalls ein kommunistisches Land, kein westliches, freies Land. Also wieder Osteuropa, in dem die Lebensverhältnisse nicht besser als in anderen osteuropäischen Ländern waren.

Meines und meines Mannes Gehalt hat kaum gereicht von einem Monat zum anderen. Er war Chefingenieur in Ploieşti, doch wurde dafür sehr wenig bezahlt. Schau, die Kinder haben später beide studiert, bekamen keine Stipendien. Das hat uns alles viel gekostet. Beide Söhne besuchten das Polytechnikum in Bukarest, beide sind Ingenieure geworden. Das Gute war, wenn man ein Studium beendet hatte, dass man sofort einen Job bekam. Das war gut im kommunistischen Rumänien. Es gab keine Arbeitslosigkeit. Doch musste z.B. ein junger

---

* Dazu: Hedwig Brenner, Mein altes Czernowitz – Erinnerungen aus mehr als neun Jahrzehnten 1918-2010. Konstanz 2010.

Arzt, wenn er fertig war, hingehen, wo man ihn hinschickte. Vielleicht in ein verlassenes Dorf am Ende der Walachei, irgendwo an der Grenze.

Der eine Sohn bekam zuerst einen Job in der Moldau in einer Schule als technischer Professor und der andere kam direkt in ein Ministerium in Bukarest. Er hatte von der 1. Volksschulklasse bis zur Matura lauter 10er Noten, die h. die besten Noten. Er war zweimal im olympischen Team in Moskau und Leningrad als Mathematiker, noch während der Schulzeit. Es wurden damals sechs Schüler ausgewählt, die zur Internationalen Olympiade nach Moskau geschickt wurden. Ich denke, das hat er von meinem Mann geerbt. Seine Zeugnisse waren auch vom 1. bis zum 6. Studienjahr vorzüglich!

Wann sind Deine Jungs, die ja eine andere Generation waren, aus Rumänien weggegangen?

Paul ist mit uns 1982 nach Israel gegangen, und Michael ging schon zwei Jahre vor uns nach dort. Er war vier Jahre in Israel und wanderte dann in die USA aus, wo er heute mit seiner Familie lebt.

Wann habt Ihr Euch, Du und Dein Mann, entschlossen nach Israel zu gehen und warum?

Wir haben die ganze Zeit angesucht, um ausreisen zu dürfen. Vom Jahr 1950 an haben wir es immer wieder versucht. Ich war die erste auf der Liste der Auswanderer. 35 Jahre wurde immer wieder negativ entschieden. Immer nur wurde abgelehnt, abgelehnt, alle Gesuche wurden abgelehnt. Weder mein Mann noch ich waren Parteimitglieder, wir waren nicht in der kommunistischen Partei. Vielleicht war das der Grund? Oft wurde mein Mann zur Securitate geladen, weil der rumänische Staat annahm, dass er israelischer Spion sei.

Warum habt Ihr immer nur den Ausreiseantrag für Israel gestellt? Warum nicht auch für Wien, Zürich oder Deutschland?

Weißt Du, man musste einen Zuzugsschein haben für Deutschland. Im Jahr 1973 bekamen wir einen solchen Schein von Freunden, also hätten wir nach Deutschland gehen können. Wir waren schon auf der Liste. 3.500 Dollar bezahlten Freunde aus dem Ausland bereits für uns. In London gab es einen Ingenieur Jakober, der diese Transaktion organisiert hat. Das Geld wurde irgendwo in Europa hinterlegt, in London oder Düsseldorf. Für 5.000 Dollar konnte eine Familie herausgekauft werden. Aber Paul war verlobt und wollte nicht ohne Angelika fahren und Michael hatte nur noch ein paar Monate zum Beenden seines Studiums. 4.500 Dollar waren schon hinterlegt und 500 haben noch gefehlt. Darüber möchte ich nicht sprechen, lassen wir das!

Aber Deine Söhne wären ja sowieso nicht mitgekommen

Ja und ohne unsere Kinder wollten wir nicht fahren. Das wirst Du verstehen.

Seit dem Jahre 50 haben wir jeden zweiten Monat Ausreiseanträge gestellt und sind immer abgewiesen worden. Ungefähr einhundert Gesuche haben wir geschrieben. Meinem Mann sagte man dann, dass er erst neun Jahre nach der Pensionierung auswandern dürfe, eventuell. Der Staat war der Meinung, dass man in diesen Jahren vergessen hätte, woran und womit man gearbeitet hat.

So haben wir gewartet bis 1982. Ich hatte aber noch Glück, dass einige meiner Patienten von der Securitate und der Miliz waren. So konnte ich wenigstens hin und wieder alleine ins Ausland fahren. 1969 war ich das erste Mal alleine in London und Düsseldorf, und in 1973 hat man meinem Mann zum ersten Mal einen Auslandspass gegeben. Er reiste dann alleine nach Paris und London, und 1975 hat man uns zusammen herausgelassen. Wir hatten die Kinder und meine Mutter als Pfand zurückgelassen! In der DDR war ja so eine ähnliche Regelung.

Die ersten sechs Monate nach unserer Auswanderung aus der Bukowina haben wir in Bukarest gewohnt, zuerst zwei Monate bei einem Freund, dem Ingenieur Jägendorf,[*] der gerade aus Transnistrien gekommen war. Dann haben wir ein Zimmer gemietet; ich war hochschwanger. Es war ein sehr heißer Sommer, eine Hitze, schrecklich, 35-40 Grad. Ich musste in nassen Leintüchern gewickelt schlafen. In Czernowitz war es nie so heiß. Mein Mann bekam seinen alten Job

---

[*] "Selbst Jude, rettete er als Leiter eines kriegswichtigen Betriebes in Transnistrien rund 10.000 Juden vor dem Holocaust:" https://de.wikipedia.org/wiki/Siegfried_Jägendorf

zurück und wir zogen in die Petroleumgruben, wo wir sieben Jahre gelebt haben, 14 km von Ploieşti entfernt. In Boldeschti bezogen wir eine kleine Villa, es war die Kolonie der Royal Dutch Shell Company. Nach zwei Jahren wurde alles nationalisiert von den Rumänen. Dann kamen die verschiedenen sozialistischen Regierungen, dann kam die kommunistische Regierung und so entstand die Volksrepublik Rumänien. Zwei Zimmer nahm man uns weg, drei blieben uns mit Küche.

Wir hatten einen großen Garten, einige Jahre sogar ein Schwein, 150 Hühner versorgte ich, so hatten die Kinder immer frische Eier. Eine große Wirtschaft war das mit Hund und Katze. Kühlschränke hatte man damals noch nicht, dafür gab es einen großen Keller. Gemüse, und 400 kg Kartoffeln wurden im Herbst eingekellert für den ganzen Winter. Ich weiß heute gar nicht mehr, was wir mit den vielen Kartoffeln gemacht haben. Dass war dort im Herbst so üblich, dass man im Herbst das Gemüse im Keller in die Erde steckte und die Stellagen mit Trauben und Äpfeln gefüllt wurden. Bis Ostern hatten wir frische Trauben. Viele Weinflaschen lagen im Keller; wir wohnten in einer Weingegend.

Im Winter konnte ich in der hügeligen Landschaft Ski laufen, Im Frühling war der Morast nach der Schneeschmelze so hoch, dass man tief im Schlamm gewatet ist. Das war das Landleben mit seinen Vor- und Nachteilen.

1945/46 wurde die rumänisch kommunistische Zeitung für Frauen (UFDR, Union der Rumänisch Kommunistischen Frauen) gegründet. In dieser Zeitung habe ich verschiedene Artikel geschrieben. Im Club, einem Beamtenhaus, war eine Bibliothek, die ich organisierte. Verschiedene Theateraufführungen gab es dort und vieles andere. Nach sieben Jahren, in den 50er Jahren, begann ich dann in Ploieşti die Ausbildung. In diesem Institut für Krankenschwestern war ich natürlich die älteste. Meine Mutter übersiedelte '56 zu uns und kümmerte sich um die Kinder.

Morgens war die praktische Ausbildung und nachmittags musste ich zur Schule, mittags aß ich in der Kantine. Nach zwei Jahren war ich dann Krankenschwester, und noch ein Jahr studierte ich in einem Rotkreuz-Krankenhaus in Bukarest Physiotherapie. Dann arbeitete ich in der Physiotherapeutischen Abteilung in Ploieşti. Dann arbeitete ich in der Physiotherapeutischen Abteilung. Ja, so bin ich keine Ärztin geworden. Man kann nicht immer machen, was man will!

In diesem Beruf hast Du bis zu Deiner Rente gearbeitet?

Ja, 25 Jahre waren das. Ich wurde von den Patienten geliebt, alle haben mich geschätzt. Ach, wissen Sie, wenn Frauen beim Friseur sind, erzählen sie verschiedene Dinge aus ihrem Leben, ja? Während der Behandlung haben alle Patienten mir aus ihrem Leben erzählt. Die anderen Krankenschwestern waren ein bisschen neidisch darauf. Ich weiß nicht , warum? Schließlich kommuniziere ich gerne. Die anderen haben Bakschisch genommen, ich wollte das nicht. Nie habe ich Geld von den Patienten genommen. Sie brachten mir so viele Naturalien mit, dass ich mit schweren Taschen zu Hause angekommen bin. Trauben, Eier, eben Lebensmittel, Schokolade.

Mein Mann war übrigens zuerst Chef einer elektrischen Abteilung in einem großen Bohrungstrust, dann bekam er Nierensteine und musste einen anderen Job annehmen. So fuhr er von Sonde zu Sonde. Eines nachts wurde er vom Minister telefonisch geweckt: "Brenner, was ist mit Dir, Du schläfst und dort ist ein Stadt ohne Strom?" Also musste mein Mann nachts dorthin.

Sie arbeiteten an vielen Projekten für Arabien, doch mein Mann durfte nicht unterschreiben, weil er Jude war. Er war Chef des Projektes, doch sein Assistent musste unterschreiben. Die Araber wollten nicht, dass ein Jude ihr Projekt leitet, so war das!

Irgendwann war eine internationale Messe in Bukarest,[*] auch aus dem Westen kamen die Anbieter. Für die rumänische Delegation wurde mein Mann bestimmt. Doch mein Mann wollte gar nicht zu dieser Messe, weil ständig die Securitate Fragen stellte, wenn er sich mit Firmen aus dem Westen unterhielt oder etwas geschenkt bekam. Das musste ja sowie so alles abgeliefert werden. So hatte er sein Namensschild seiner Assistentin gegeben, doch diese hatte einen Brief in seinem Vichet von einem Herrn aus England gefunden, der ihn sprechen wollte. Dieser Herr war ein früherer Studienkollege aus Prag, hatte den Namen Gottfried Brenner in der rumänischen Delegations-

---

[*] "Internationale Technische Messe in Bukarest 1971", in: Hedwig Brenner, Begegnungen mit Menschen und Städten. Konstanz 2015, S. 69 ff.

liste gelesen und wollte ihn am nächsten Tag treffen. 30 Jahre hatten sie sich nicht gesehen. Später fuhr ich auch nach Bukarest, um diesen Herrn kennenzulernen.

Ja, mit der Securitate hatten wir oft zu tun. Unsere gesamte Auslandskorrespondenz lag dort kopiert. "Warum schreibst Du so viel nach England, warum so viel nach Israel?", wurde sehr oft gefragt. "Reduzier' Deine Post!", sagten sie. Wir hatten eine Cousine in England, Freunde in Amerika usw.

Einmal kam ein Universitätsprofessor aus Amerika, er war Dekan der Gainesviller Universität. Ihm wurde in einer Fernsehsendung von Frau Ceaucescu ein Diplom als Dr. honoris causa überreicht. Es war Professor Meidinger, der bei meinem Onkel in der Apotheke in Czernowitz gearbeitet hatte. Ich kannte ihn, als ich ein kleines Mäderl war. Er kam dann auch zu uns nach Ploieşti mit einem Securitate-Beamten. Professor Meidinger lud uns am nächsten Tag ins Hotel Athenee nach Bukarest ein, wo er wohnte. Noch nach Jahren hat die Securitate meinem Mann berichtet, worüber wir miteinander gesprochen haben. Es waren überall Wanzen, es wurde alles abgehört!

Im Jahr 1972 war wieder eine Internationale Messe in Bukarest, eine technische Messe mit modernen Apparaten. Meine Söhne gingen zu dieser Messe. AEG, Siemens, alle waren sie dort mit Ständen, jede Firma hatte Handbücher ausgelegt. Paul, mein ältester Sohn, kam zum AEG-Stand und bat um ein solches Handbuch. Der Herr von der AEG wollte seine Adresse wissen, um ihm das Handbuch schicken zu können. Paul nannte seinen Namen und der Vertreter von der AEG stutzte: "Sind Sie der Sohn von Hedy Brenner aus Czernowitz?"

Ich erzählte ja, dass ich mich mit 18 verlobt hatte, doch nur für drei Monate. Man damaliger Verlobter ist nach Deutschland ausgewandert. Dieser Herr war also der damalige Verlobte und zu meinem Sohn meinte er: "Fast wären Sie mein Sohn geworden." Auch dieses registrierte eine Wanze!

Nach sieben Jahren wurde ich zur Securitate gerufen, weil ich ein wenig geschwatzt hatte nach dem großen Erdbeben im Jahr '77. Damals öffnete man kurzfristig die Telefonleitungen nach Westen, um den Menschen die Möglichkeit zu geben, zu erfahren, ob ihre Verwandten nichts passiert ist. Ich fand das sehr gut, sagte es auch im Krankenhaus und wurde zur Securitate gerufen. Sicherlich war eine

Kollegin ein Spitzel und hat das gemeldet. Auch wusste die Securitate, was bei mir im Hause gesprochen wurde. Vielleicht war etwas ins Telefon eingebaut. Wir hatten Besuch von Freunden und einer unbekannten Dame, einer Klavierprofessorin, und sprachen über Politik. Mein Mann sagte u.a.: "Die Hunde bellen und die Zigeuner ziehen weiter", das ist so ein rumänisches Sprichwort. Das wurde registriert, und wir wurden wieder zur Securitate gerufen, wo sie wissen wollten, was diese Aussage zu bedeuten hat. Natürlich wurden wir in verschiedenen Zimmern ausgefragt. Warum hat der Ingenieur Meth ihrem Sohn im Jahr '72 gesagt, dass er (Paul) fast sein Sohn geworden wäre? Ich setzte mich und hörte, wie das Magnetophon lief in der Schublade. So erzählte ich ihm, dass ich mit dem Herrn einmal verlobt gewesen war, ein Jahr später habe ich meinen Mann kennengelernt und geheiratet. Doch er beharrte auf eine Antwort und wollte wissen, ob ich mit ihm ins Bett gegangen wäre. Da habe ich natürlich innerlich gekocht, fasst bin ich schon übergelaufen. "Im Jahr '37 war die Wissenschaft nicht so entwickelt, dass man ein Kind zeugen und zehn Jahr später gebären konnte!" Darauf antwortete er nichts, war aber rot geworden. Später hat der Chef meinem Mann gesagt: "Sie müssen Ihre Frau ein wenig zügeln, ein bisschen strenger halten, sie war frech zu meinem Kollegen!" Das war eine Episode mit der Securitate.

Wann war das große Erdbeben in Rumänien?

Im Jahr 1977. In der Nähe von Bukarest und Ploieşti. Viele Häuser sind eingestürzt. Bukarest sah richtig schrecklich aus. Ein zwölfstöckiges Haus war zum Teil zusammengebrochen, man sah in die Badezimmer, in die Stuben, es sah aus wie eine Doboschtorte (eine berühmte ungarische Torte). Es sind viele Menschen umgekommen. Auch eine bekannte Dichterin, Veronica Porumbacu.[23] Die Künstler, Schauspieler und Wissenschaftler trafen sich zu einem kleinen, fröhlichen Fest. Sie kamen alle ums Leben. Das Unglück war gerade zu Purim. Weißt Du, was Purim ist?

Ich glaube, es ist das einzige fröhliche Fest der Juden, doch erzähle!

---

[23] https://en.wikipedia.org/wiki/Veronica_Porumbacu

Ja, Purim ist eines der wenigen Freudenfeste der Juden. Haman war ein großer Judenfeind, der alle Juden vernichten wollte. Ester war verheiratet mit dem König Aháschwerosch [im alten Persien]. Sie hat ihn dazu bewogen, dass Haman beseitigt wird und die Juden befreit werden. Dieses Fest wird ungefähr vier Wochen vor Pessach gefeiert.

Was ist das Pessachfest?

Das jüdische "Osterfest". Aber es ist nicht das Osterfest der Auferstehung Christi, es ist vielmehr die Erinnerung an die 40-jährige Wanderung der Juden durch die Wüste.[24] Man isst Mazza, einen nichtgesäuerten Fladen, gebacken mit Salz, Mehl, Wasser. Pessach dauert acht Tage.

Hast Du in Deinem Elternhaus diese jüdischen Festtage auch gefeiert?

Die jüdischen Festtage wurden gefeiert. Bei meiner Großmutter wurde sogar noch koscher gekocht, separat Milch und Fleisch. Anfangs machte das meine Mutter ebenso, als ich ein kleines Mädel war, erinnere ich mich. Später änderte sich das, meine Mutter kochte nicht mehr koscher. Die traditionellen Feiertage wurden eingehalten, wir waren aber nicht orthodox religiös.

Verstehst Du, wir in der Bukowina Geborenen wissen nicht, zu welchem Kulturkreis wir gehören. Wir sprachen Deutsch im Elternhaus, mit meinem Mann sprach ich 60 Jahre lang ebenfalls Deutsch. Dann, später in der Schule, im Studium und im Beruf sprachen wir rumänisch. Wozu gehöre ich, kannst Du mir das beantworten?

Nein, ich kann das nicht beantworten. Wahrscheinlich ist das die Lage und die Historie der Bukowina?

Die verschiedenen Kulturkreise haben sich überschnitten, doch es waren keine konzentrischen Kreise, die man abriegeln konnte. Die Kreise haben sich überschnitten.

Wie war das mit Lemberg, das damals zu Polen gehörte. Hattest Du dorthin Verbindung?

---

[24] Gefeiert wird der Auszug aus dem pharaonischen Ägypten.

Ja, meine Mutter hatte auch Verwandte in Lemberg, die Flora. Ich war einmal als Kind dort. Ich weiß noch nicht einmal, ob diese Verwandten überlebt haben.

Wie siehst Du Czernowitz und Lemberg im Vergleich?

Es ist eine ganz andere Kultur dort: In Lemberg gab es eine rein polnische Kultur, obwohl es heute zur Ukraine gehört. Bei uns in Czernowitz ist die deutsche Kultur nicht mehr zu finden, rein ukrainische Kultur, eine rein ukrainische Stadt ist daraus geworden. Es hat nur äußerlich noch den österreichischen Charakter, der Baustil usw.

Aber auf den Friedhöfen sieht man noch die vielen deutschen, österreichischen, Namen. So suchte ich auf dem jüdischen Friedhof das Grab Deiner Großeltern und fand es. Durch die Büsche und unter den Büschen kroch ich hindurch und las diese vielen deutschen Namen. Dann gibt es natürlich auch Bereiche mit rumänischen und ukrainischen Namen. Sehr verwildert, sehr vernachlässigt ist der Friedhof.

Ich weiß nicht, ob es den Heldenfriedhof noch gibt. Links war der Bereich, wo die gefallenen jüdischen Soldaten aus dem Ersten Weltkrieg beerdigt wurden. Die Leichenhalle muss restauriert werden. 1975 haben mein Mann und ich einen organisierten Ausflug von Ploieşti nach dort gemacht. Es war das erste Mal seit unserem Fortgehen. Drei Tage waren wir in Czernowitz und einen Tag auf dem Friedhof. Die Leichenhalle war in eine Steinmetzwerkstatt umgewandelt. Umgefallene alte Steine wurden abgeschliffen und neu beschriftet. Das Material musste wiederverwendet werden aufgrund von Materialmangel.

In der Leichenhalle sind keine Steinmetze mehr, das hätte ich gesehen. Das Gebäude ist ja eigentlich eine Ruine und wenn es noch oft hineinregnet und nicht bald saniert wird, kann man alles wegräumen.[25]

---

[25] Die Leichenhalle hat inzwischen ein neues Dach bekommen, wurde also saniert und umgestaltet zu einer Gedenkstätte. (10.10.2020, Christel Wollmann Fiedler)

Ja, das ist schade. Letztes Jahr war eine Gesellschaftsreise von Israel nach dort. Aus der ganzen Welt trafen sich Czernowitzer; ich war in Wien zur Lesung und konnte nicht mitreisen.

Gerne würde ich einmal in die Umgebung von Czernowitz reisen, um die Dörfer kennenzulernen.

In Rosch gibt es keine Deutschen mehr, in Klokuschka haben meine Großeltern gelebt, das Chassiden-Dorf[*] Sadagora gehört jetzt auch zu Czernowitz.

Wir fuhren mit dem Bus nach Sadagora. Es ist ein hübsches Dorf, doch auch sehr sowjetisch. Es schüttete aus Kannen, als wir dort ankamen. Im Schlamm sind wir versunken. In eine orthodoxe Kirche schauten wir rasch, sie sollte gerade geschlossen werden. Freundlich war man nicht zu uns. Über den dörflichen Chassiden-Friedhof mit dem hohen Gras wateten wir bei strömendem Regen und lasen die längst vergangenen deutschen Namen. Ein großes Erlebnis war das für mich. Ich dachte sofort an das ferne New York, wo die Chassiden hinter der Brücke in Williamsburgh wohnen.

Die Residenz des Wunderrabbi ist doch sehr zerstört worden. Er hatte eine Jeschiwa, eine religiöse Schule, daneben und eine Synagoge. Seine Anhänger kamen von sehr weit her, um dort zu lernen. In den letzten 40 Jahren war diese Residenz ein Fabrikgebäude. Man hatte ja auch Kirchen in Lagerhallen umgewandelt

Inzwischen ist die griechisch-orthodoxe Kirche, die katholische und auch die evangelische Kirche in Czernowitz restauriert. Man bekreuzigt sich an jeder Straßenecke. Selbst der junge Taxifahrer tat das, als wir mit ihm an der Kirche vorbeifuhren. Ob das zu Zeiten der Sowjetunion auch so göttlich war?

Der Kommunismus hat alles Göttliche ausradiert. Jetzt hat die Kirche wieder einen großen Einfluss in der Ukraine. Den jüdischen Tempel hat man nicht restauriert, doch eine kleine Synagoge gibt es in der Bräuhausgasse.

---

[*] Chassidim – "Fromme"; der Chassidismus ist eine religiöse Bewegung und Teil des ultraorthodoxen Judentums; https://de.wikipedia.org/wiki/Chassidismus

Oh, ja, ein freundlicher Herr hat mich hereingebeten, ich durfte sogar fotografieren. Wie in einem gemütlichen Wohnzimmer fühlte ich mich. – Ungefähr tausend Juden soll es noch in Czernowitz geben.
Tausend? Das sind Juden, die aus anderen östlichen Ländern kommen. Ich glaube, Vorkriegsjuden gibt es dort keine mehr. Die Rosa Zuckermann und der Ingenieur Zwilling waren die letzten. Inzwischen sind beide gestorben. Der Sohn der Rosa Zuckermann ist Professor für Deutsch in Czernowitz und hat eine ukrainische Frau. Er ist ein Nachkriegskind.

Die Gräber von Frau Zuckermann und Herrn Zwilling sind ganz in der Nähe Deiner Großeltern Feuerstein. Die Namen fielen mir auf, weil beide ja sehr berühmt geworden sind durch den Film von Werner Koepp.

Rosa Zuckermann hatte eine Cousine in der Beerschewa. Meine Freundin Lotte Hirsch, die in Amerika lebt,[26] ist eine Cousine von Rosa Zuckermann. Beide können viel über die Zuckermann erzählen. Ich lernte Frau Zuckermann kennen, als wir 1975 zu Besuch in Czernowitz waren. Lilly Hirsch und ihr Bruder haben uns ein Paar Schuhe mitgegeben für Frau Zuckermann. Wir riefen sie vom Hotel aus an, was für sie sehr unangenehm war. Gleich hieß es, dass sie Verbindung mit dem Ausland hat, was für sie gar nicht gut war damals. Heute ist das ganz anders. Sie sagte uns, dass ihr Sohn die Schuhe holen würde. Man solle sich am Ringplatz treffen um neun Uhr abends. Es war sehr finster, sehr unangenehm, wenig Menschen auf der Straße. Mein Mann und ich gingen die Rathausstraße hinunter zum Ringplatz und haben dort gewartet. In meiner Jugend gab es dort keine Bäume, jetzt gibt es welche dort. Aus dem Schatten der Bäume löste sich plötzlich ein Schatten, kommt auf uns zu und sagt: "Geben Sie mir!" Wir waren erschrocken, denn wir wussten ja nicht, wer es war. Mein Mann gab der Stimme das Paket, und der Mensch verschwand grußlos.

---

[26] Lotte lebte zuletzt vielleicht in einem Elternheim in New York - Hedy schrieb das in ihren *Begegnungen mit Menschen und Städten 1919-2014*. Konstanz 2015. (C.W.-F.)

Am nächsten Tag ruft Frau Zuckermann im Hotel an und bittet uns, sie zu besuchen. Wir gingen zu ihr. Sie wohnte in der Nähe des ehemaligen Tempels, des heutigen Kinos. Die Franzensgasse herunter, dann in die Pardinigasse, wo sie gewohnt hat. Eine schöne alte Drei-Zimmer-Wohnung mit Parkettfußboden, ohne Teppiche. Auch Herr Zwilling war bei ihr; sie waren ja befreundet. Auch lebte 1975 noch eine Professorin Lydia Harnik,* die Englisch und Französisch gab. Viele ihrer Schülerinnen leben heute in Israel und können über sie berichten. Frau Zuckermann war früher Professorin für Deutsch, Französisch und Englisch an der Universität.

Das waren also die drei, die in Czernowitz geblieben sind. Ach, der Dr. Burg lebt noch dort, er ist 96 Jahre alt.[27] Nun also der letzte überlebende Jude in Czernowitz. Er war während des Krieges in Russland, in Mittelasien, glaube ich. Wunderschöne Sachen hat er geschrieben. Er ist Schriftsteller (und schreibt) auf Deutsch.

Du hattest haben ein gutbürgerliches Leben als Kind und Schülerin gehabt mit einer guten Schulbildung und wurdest von Deiner Mutter alleine großgezogen.

Ja, von meiner Mutter und Großmutter. Ein Jahr, nachdem mein Vater gestorben war, mussten wir zur Großmutter ziehen, weil meine Mutter die große Wohnung nicht mehr bezahlen konnte. Stell Dir vor, in der Herrengasse, das war sehr teuer. Wir wohnten mit der Großmutter bis sie '43 starb. Sie wurde nicht deportiert.

Mein Mann und ich wohnten mit meiner Schwiegermutter, nicht bei meiner Mutter, in der Maria Theresiengasse. Bei uns wurde in der ersten Russenzeit ein Dr. Fuchs einquartiert, weil wir zu viele Zimmer hatten. In Russland hatte jede Familie nur ein Zimmer.

Du bist in Czernowitz geboren: Wo haben Deine Eltern als junges Paar gewohnt?

1911 haben sie geheiratet, mein Vater war Rechtsanwalt, und seine Kanzlei hatte er im Runkhof in Dorna, seinem Geburtsort. Bis 1914

---

* 1909-1998; dazu Margit Bartfeld-Feller, Am östlichen Fenster. Konstanz 2002, S. 179 ff.; dort erscheint Lydia Harnik als Lehrerin. (ERW)

[27] 1912-2009; https://de.wikipedia.org/wiki/Josef_Burg_(Schriftsteller)

haben sie dort gewohnt, dann flüchteten sie über Siebenbürgen in die Tschechoslowakei. Der Erste Weltkrieg war ausgebrochen und im Norden der Bukowina waren schon die Russen. Sie lebten dann vier Jahre in Mährisch-Ostrau, wo mein Vater bei einem Rechtsanwalt arbeitete. 1918, kurz vor meiner Geburt, kamen sie zurück nach Czernowitz.

Als ich geboren wurde, war die Landessprache noch Deutsch, die Bukowina war noch österreichisch. Fünf Monate später hatte man bei den Versailler Friedensverträgen die gesamte Bukowina Rumänien zugesprochen. Die österreichische Monarchie zerfiel, und jeder hat sich ein Stück von der Torte genommen. Die Donaumonarchie war ja eine riesige Torte.

Die Schulsprache wurde dann Rumänisch, doch es gab noch einige private Volksschulen, die in Deutsch unterrichteten. Rumänisch war nur ein Fach. Diese Schule habe ich bis zum 10. Lebensjahr (bis 1928) besucht, dann starb mein Vater. Er konnte rumänisch sprechen. In der Südbukowina hat man sehr viel Rumänisch gesprochen, bei ihm zu Hause natürlich Deutsch. Rumänische Diktate hat mein Vater noch mit mir geübt als er schon sehr krank war. Nachdem er gestorben war, musste meine Mutter eine Lehrerin nehmen, damit ich die rumänische Sprache lernen konnte.

Ninon Ausländer, die dritte Frau von Hermann Hesse kam auch aus Czernowitz: Kanntest Du sie?

Ja, die kannte ich aus der Herrengasse. Sie wohnte dort mit ihren Eltern der Vater war Rechtsanwalt. Sie und ihre Schwester waren wunderschöne blonde Mädchen, sehr auffallend. Unter meinem Balkon, wir wohnten im ersten Stock, habe ich die Vorbeigehenden beobachten können als kleines Mäderl von 5 bis 6 Jahren. Schon immer war ich sehr neugierig! Die Promenade lag unter mir. So konnte ich die beiden schönen Schwestern sehen, die mit ihrem großen Windhund spazieren gingen. Mit 14 Jahren hatte Ninon Ausländer, so hieß die Familie, mit Hermann Hesse korrespondiert. Sie war sicherlich zehn Jahre älter als ich. Ich war noch ein kleines Mäderl und beneidete die schönen Backfische, die dort auf der Herrengasse flanierten.

Du wolltest dann Medizin studieren, was nicht ging. Dann studiertest Du Kunstgeschichte in Wien?

Gleich nach der Matura habe ich mich verlobt, kurz darauf entlobt. In der Zwischenzeit habe ich ein Jahr Jura studiert in Czernowitz ohne Abschluss. Dann hatte ich einen Job als Sekretärin, wollte Geld verdienen. 800 Lei habe ich bekommen im Monat, das war sehr viel für mich.

Dann fragte ich meine Cousine in Wien, ob ich bei ihr wohnen kann. Meinem Onkel in Genf habe ich auch geschrieben, der hat aber nicht reagiert. Mit den Verwandten der Frau geht man immer besser um, als mit den Verwandten des Mannes. (…) Obwohl dieser Onkel in Genf ein Bruder meiner Mutter war, doch seine Frau war dagegen. Gerne hätte ich in Genf studiert.

Meine Cousine in Wien antwortete ganz selbstverständlich mit Ja. So bin ich nach Wien gegangen und habe als außerordentliche Hörerin zwei Monate Kunstgeschichte studiert. Dann bekam ich doch eine Einladung von meinem Onkel aus Genf, mit der Bitte, ihn zu besuchen. Es waren Winterferien. Meine Skier, die ich aus Czernowitz mitgebracht habe, nahm ich mit in die Schweiz. In Genf besuchte ich für kurze Zeit die *Ecole practique de langue francaise* und habe dort zwei nette Freundinnen in meinem Alter gefunden. Martha Ehrlich stammte aus Bamberg, ihr Bruder war bereits ausgewandert nach Amerika, sie wartete in Genf auf ihre Eltern. Diese Martha aus Bamberg habe ich nach 60 Jahren in Pittsburgh gefunden. Ich bin eine Sammlerin, einfach ein komischer Mensch. Marthas Bruder, daran erinnerte ich mich, war bereits in den 30er Jahren nach Pittsburgh ausgewandert. Eine Czernowitzerin, eine alte Bekannte, wohnte in Pittsburgh. Ich bat sie, bei den deutschen Immigranten nachzufragen, ob sie eine Familie Ehrlich aus Bamberg kennen. Martha hieß inzwischen Rose. Sie hatte geheiratet, und so bin ich mit ihr wieder zusammengekommen. Wir haben korrespondiert, telefoniert, und sie schickte mir ihre Biographie. Ihre Eltern konnten nicht mehr auswandern, kamen nach Auschwitz und sind dort vergast worden!

Das war Martha Ehrlich, die eine Freundin auf der *Ecole practique de langue francaise* in Genf, die andere war eine Norwegerin aus Stavanger, die Ruth Osjord* hieß und war die Tochter eines norwegischen Diplomaten. 25 Jahre nach dem Krieg habe ich Rut gesucht und adressierte einen Brief an Ruth Osjord – Stavanger. Nach zwei Monaten bekam ich Antwort. Sie wohnte inzwischen in Oslo und hatte einen anderen Namen. Es war fantastisch, dass die norwegische Post sie gefunden hat. Sie schickte mir sogar ein Bild von sich und ihrem Mann. Ja, das sind meine Geschichten!

Sehr schön sind diese Geschichten, sie gefallen mir, und ich höre sie gerne. Dann ging es wieder zurück nach Wien?

Das war eine richtige Odyssee, diese Rückreise. Ich bin am 11. März 1938 um 16:00 Uhr in Genf in den Zug gestiegen und kam bis Zürich. In der Extraausgabe auf dem Bahnhof erfuhr ich, dass die deutsche Wehrmacht Österreich besetzt hat[28] und fuhr in die Falle! Denn natürlich musste ich weiterfahren.

Alleine saß ich als Neuzehnjährige in meinem Abteil und hatte fürchterliche Angst. Vor Linz, in Arlberg, d.h. St. Anton, kamen vier junge Männer herein in mein Abteil. Sie waren ungefähr in meinem Alter und fragten, ob sie Platz nehmen dürfen. Ich war glücklich, nicht mehr allein zu sein. Im Gespräch erfuhr ich, dass die vier Studenten waren. Alle vier waren sie Juden, die von den Eltern direkt zurückgerufen wurden nach Wien. Über Kunst und Literatur unterhielten wir uns, übers Studium und die Musik, nur nicht über Politik, das war ein Tabuthema.

Vor Linz kam der Schaffner, um die Tickets zu kontrollieren. Ich gab ihm meines, er schaute mich an und sagte, dass es ungültig sei ‚und ich müsse 24 Schillinge dazubezahlen. Ich widersprach, doch er blieb bei den 24 Schillingen. Was tut ein 19-jähriges Mädchen, alleine, das nur noch 7 Schillinge hatte? Ich fing an zu weinen. Einer der jungen Männer tröstete mich und sagte: "Weinen Sie nicht, gnädiges Fräulein, wir helfen Ihnen." Dann legten sie zusammen, jeder ein paar Schillinge, und ich konnte bezahlen. Ich gab ihnen die Adresse meiner

---

* "Ruth Osjord in Genf 1937", in: Hedwig Brenner, Begegnungen mit Menschen und Städten. Konstanz 2015, S. 31.

[28] Einmarsch am 13. März 1938; https://de.wikipedia.org/wiki/Anschluss_-Österreichs

Cousine in Wien und bat um ihre Adressen, um ihnen am nächsten Tag das Geld zurückgeben zu können.

So kam ich in Wien an und wurde nicht erwartet. Am Vortag hatte ich ein Telegramm geschickt und wunderte mich nun, dass mich niemand abholte. Die Cousine war die Pianistin Else Groß und der Ehemann war der Rechtsanwalt Dr. Leonhard Groß. Von einer öffentlichen Telefonzelle rief ich an, und Tante Klara, die Mutter meiner Cousine und Schwester meines Großvaters, war am Telefon. Sie sagte: Lolo (Leonhard) ist verhaftet worden, und wir wissen nicht, wohin man ihn gebracht hat. Else läuft herum, um nach ihm zu schauen. Es ist nicht der richtige Zeitpunkt, dass Du jetzt zu uns kommst. Geh' zum Cousin Deines Vater. Unser Haus wird beobachtet." So telefonierte ich mit Dr. Jakob, meinem Onkel, der auch Rechtsanwalt war. Sofort sollte ich zu ihm kommen. Mit dem Taxi fuhr ich hin und wohnte dort fünf Tage. Am nächsten Tag ging ich in die rumänische Gesandtschaft, stand dort den ganzen Tag herum und wartete bis ich einen Stempel in meinen rumänischen Pass (Bon pour rountre en Roumani) bekommen habe. Dann fuhr ich nach Rumänien, nach Czernowitz zurück.

An die Namen der jungen Leute im Zug kann ich mich noch sehr gut erinnern. Einer hat geheißen Peter Grossmann, der mich mit dem Taxi zum Onkel Dr. Otto Jakob gebracht hatte. Er rief mich am nächsten Tag an, denn er wollte mich zu einem Spaziergang abholen. Wir gingen bis zum Wiener Wald, daran erinnere ich mich ganz genau. Zwei von den jungen Burschen waren Brüder und haben Schüler geheißen. Einer war schon Rechtsanwalt, der andere studierte, der Vater Schüler war Arzt. Sie haben in der Wiener Schwarzspaniergasse gewohnt. Am nächsten Tag ging ich in die Schwarzspanierstraße 20 oder 21, um das Geld zurückzubringen. Ich stand vor einer wunderschönen Villa. Nachdem ich geklingelt hatte, erschien eine sehr elegante Dame, die Mutter der beiden Brüder. Der vierte junge Mann war Hans Fink, glaube ich.

Später hörten wir oft aus London "Das Freie Europa" im Rundfunk. Man hörte zu Beginn den Big Ben, dann kam ein deutscher Sprecher. Ich erinnere mich noch sehr genau, dass er Hans Fink geheißen hat.

1982 bist Du von Rumänien nach Israel ausgewandert. Wie seid Ihr angekommen in dem neuen Land diesmal kein osteuropäisches Land. Gerne würde ich darüber hören.

Oh, ja, wir hatten eine Ausreisebewilligung aus Rumänien. Auf der israelischen Gesandtschaft mussten wir beweisen, dass wir einen Sohn in Israel haben und wir zu ihm möchten (Michael war bereits in Israel). 70 kg Gepäck durften wir mitnehmen und ein paar Möbel. Zwei Fauteuils nahmen wir mit, eine Couch usw. Geschirr, Kleidung, Tischwäsche, zwei Polster, Decken und einiges andere. All diese Dinge wurden mit dem Schiff nach Israel transportiert, kamen hier für sechs Monate in ein Lager bei Tel Aviv.

Israel ist ein kleines, nicht reiches Land mit vielen Problemen und vielen Einwanderern. Das macht das Leben nicht leicht. Was hat der israelische Staat für Euch getan als Ihr hierher gekommen seid?

Alles, was wir mitbrachten war ziemlich überflüssig, denn wir haben vieles für den Haushalt von der Merkaz Klita[29] bekommen. Die Merkaz Klita ist die Auffangstelle. Die ersten sechs Monate wohnte man in diesem Auffanglager, wo es auch Sprachunterricht gab. Das Auffanglager bestand aus zwei großen siebenstöckigen Häusern mit einzelnen Wohnungen. Wir bekamen eine Drei-Zimmer-Wohnung. Meine 91-jährige Mutter kam mit uns, mein Mann, mein Sohn mit seiner Frau. Die Mutter meiner Schwiegertochter bekam mit dem jüngeren Bruder, der unverheiratet war, eine eigene Wohnung. Jeden Morgen musste man 4 bis 5 Stunden Hebräisch zu lernen. Ich bekam damals ein Augenglaukom, konnte kaum lesen, habe alles doppelt gesehen. Vielleicht ist das der Grund, warum ich nie Hebräisch gelernt habe. Meine Mutter hatte damals einen Unfall mit schweren Brandwunden, und ich musste sie pflegen und konnte die Schule nicht weiter besuchen. Die Schule organisierte auch Ausflüge, die ich auch nicht mitmachen konnte.

Irgendwann hörte ich in der Schule eine deutsche Unterhaltung. Auch mehrmonatige Besucher, die in Israel arbeiten wollten, mussten diese Schule besuchen, da waren auch Nichtjuden dabei. Ich nähere

---

[29] http://archive.jewishagency.org/content/merkaz-klita-haifa

mich dem Gespräch, weil ich doch immer neugierig war und frage eine Dame, woher sie stammt. Sie sei aus Wien, war die Antwort. Doch ich hatte bemerkt, dass sie mit anderen Spanisch gesprochen hatte. Sie wohnte einen Stock über uns und hieß Susi. Sie sei in Österreich geboren, doch als Österreich von deutschen Truppen besetzt wurde, ist ihre Familie nach Indonesien ausgewandert. Dort haben sie den Krieg überlebt, der Vater war Arzt, kam ins Lager, als die Japaner gekommen sind. Sie und ihre Mutter wurden in einem Kloster versteckt. Nach dem Krieg sind sie nach Holland gegangen. Der Vater arbeitete auch in Holland als Arzt, Susi Lehrer hat in Paris Sprachen und Malen studiert. Ich kannte eine Familie Lehrer aus der Südbukowina. Ich frage sie danach, doch sie war ganz sicher, keine Verwandten mehr zu haben.

Ich sagte Dir ja schon, dass ich sehr neugierig bin und auch ein komischer Mensch. Ich wusste, dass eine Familie Lehrer aus Kimpulung (Rumänien) in der Nähe von Kirjat Yam (Israel)[*] wohnt, die vor uns nach Israel ausgewandert war. Ich rief diese Familie Lehrer an und sagte: "Hörst Du, hier gibt es in der Markaz Klita eine Susi Lehrer? Seid Ihr verwandt?" – "Nein, wir haben keine Verwandten!" Sie wollten uns am nächsten Abend besuchen, und ich bat Susi Lehrer auch herunter. Sie kam mit verschiedenen Fotoalben, und ich bekomme heute noch eine Gänsehaut, wenn ich an diesen Abend denke! Ich stelle ihr Dori Lehrer vor, unseren Bukowiner Freund. Dori Lehrer bat, die Alben zu sehen und blätterte darin. "Das ist doch mein Onkel Joschi!" Beide, Susi und Dori, wurden weiß wie die Wand, und sie erwiderte: "Das ist mein Vater!" Sein Vater und ihr Vater waren Brüder! "Ach", meinte Dori, "Du bist das kleine Mädel, das ich auf dem Schoß gehalten hab', wenn ich auf der Durchreise bei Euch in Wien war!" Ja, das war's. Sie waren beide Cousin und Cousine. Ihre Familie ging vor dem Krieg nach Indonesien, und er wurde nach Transnistrien deportiert. Sie haben nie mehr voneinander gehört. Susis Familie war nach dem Krieg in Holland und Dori ging nach Kimpulung in die Südbukowina und ist dann nach Israel ausgewandert. Noch heute bekomme ich eine Gänsehaut, wenn ich die Geschichte erzähle!

---

[*] 10 km nördlich von Haifa; https://de.wikipedia.org/wiki/Kirjat_Jam

Das sind Lebensgeschichten, die man nur selten erlebt. Deshalb möchte ich, dass Du als Zeitzeugin sehr viel erzählst, sehr viel! – Warum wohnt Ihr in Haifa? Es gibt noch andere Städte und Gegenden. Ihr hättet auch nach Tel Aviv gehen können.

Mein Sohn arbeitete schon in Haifa, wohnte in Kirjat Yam in einem Hostel. Er war noch nicht verheiratet, und zwei Wochen nachdem wir kamen, hat er Hochzeit gefeiert. Wir sind sechs Monate geblieben in Kirjat Yam im Auffanglager. Jeder Einwanderer bekam ein Startkapital und eine kleine Rente, von der wir aber schlecht leben konn-ten. Danach zogen wir in eine 3-Zimmer-Mietwohnung in die A.H. Silver Street nach Haifa. Der Staat bezahlte dreiviertel der Miete, und alle Rentner können in solchen Wohnungen bis an ihr Lebensende wohnen. Meine Mutter sollte auch mitkomme, doch während der Übersiedlung starb sie in einem Spital. – Bevor wir einwanderten war ich dreimal zu Besuch in Haifa, 1971, 1975 und 1979. Haifa gefällt mir von allen Städten am besten. In Haifa arbeitet man, in Tel Aviv spaziert man, und in Jerusalem studiert man.

Wann und wie begannen Deine Recherchen zum ersten Künstlerinnen-Lexikon?

Die ersten Musemsbesuche, bei denen ich recherchiert habe, waren in New York. Die Fink Collection, das Whitney Museum zum Beispiel. Auch in Bibliotheken forschte ich herum. *Who is Who in American Art, Who is Who in the North American Art* und andere Lexika, vom Mittelalter bis in die Gegenwart, durchforschte ich, fotokopierte und notierte. Dann fuhr ich nach Hanover in New Hampshire, dort ist das Dartmouth College, an der die Tochter meiner Freundin Professorin war. Sie hat mich in die Baker Bibliothek und Sherman Bibliothek eingeführt, das sind Kunstbibliotheken. Dort fand ich das Buch von Gisela Breitling "Wie das Schiff in den Wellen des Meeres" in deutscher Sprache. Giselle Breitlings Buch habe ich gelesen und den Titel des Buches als Motto in mein erstes Lexikon genommen, ohne sie zu kennen. Ich habe sie erst im Jahr 2006 in Berlin kennengelernt. Im "Verborgenen Museum" in Berlin habe ich das Buch bestellt, 1986 erschien das Buch. Im Impressum stand die Adresse und der Name von Gisela Breitling. Also habe ich an die Redaktion geschrieben und die haben eine Verbindung zu ihr hergestellt, so begannen wir zu korrespondieren

Ich lieh in den Bibliotheken die Bücher aus und konnte abends darin studieren. Über verschwundene Künstlerinnen erfuhr ich und schrieb von dem einen und dem anderen Autor ab. Wenn man von einem Autor abschreibt ist das Plagiat, wenn man von vielen Autoren abschreibt, ist es Forschung, sagte Albert Einstein. Also habe ich Forschung gemacht!

Sehr viel Material hatte ich über Charlotte Salomon gefunden. Über ihr kurzes Leben, das Theater, den Gesangslehrer ihrer Mutter, in den sie verliebt war, usw. Es war fantastisch, sich in die verschiedenen Künstlerleben hineinzuleben. Diese Arbeit war großartig und hat mich fasziniert. Auch in Washington im *American Museum for Women*, einem riesengroßen Museum, war ich. Der Kuratorin erzählte ich, dass ich über jüdische Künstlerinnern schreibe, und sie gab mir Unterlagen und Biographien von jüdischen Malerinnen. – Dann bin ich nach Hause gefahren, nach Haifa, und habe mich an meine Schreibmaschine gesetzt.

1998 ist mein Mann gestorben und mein Sohn brachte mir einen Computer und sagte: "Schreib weiter!" Mein Enkel hat mich unterrichtet, und so habe ich angefangen mit dem Computer zu arbeiten. Meine Schreibmaschine steht seitdem als Andenken im Schrank.

Dann recherchiertest Du von Haifa aus und fuhrst nochmal nach Amerika?

Ja, dann begann alles weitere von Haifa aus. Nach Amerika fuhr ich wieder im Jahr 2000, alleine, und habe dort weiter recherchiert und fotokopiert. Inzwischen waren dort neuere Lexika erschienen über nordamerikanische Künstlerinnen. Auch war ein interessantes Buch erschienen von Professor Matthew Baigell: *Jewish American Artists and the Holocaust* (Rutgers University Press 1995).[30] Diesem Buch habe ich viele Namen entnommen; Einige davon habe ich ausgewählt, und so entstand mein zweites Künstlerinnenlexikon.

---

[30] Prof. Baigell wurde 1933 in New York geboren, ist Emeritus des Departments of Art History, Rutgers University, New Brunswick, New Jersey.

Hast Du die eine oder andere noch lebende Künstlerin persönlich kennengelernt?

Ja, ich war in New York und habe einige Interviews gemacht mit diesen Künstlerinnen, die irgendwie österreichische oder deutsche Wurzeln haben. Das ist ja nun schon die zweite Generation, die erste waren die Eltern, die noch in Europa geboren waren. Diese zweite Generation nennt man "Postmemory Artists", d.h. sie schaffen Skulpturen, Installationen oder Bilder, die irgendwie im Zusammenhang mit dem Holocaust stehen. Nach den Erzählungen der Eltern, der Großeltern sogar, entstehen diese Kunstwerke. Es sind auch einige Künstlerinnen in meinen Lexika, die in England leben. Diese Künstlerinnen haben recherchiert in verschiedenen Lagern, haben dort mit Arbeitern gesprochen, die Zeugen der Vernichtung der Juden in Polen waren, zum Beispiel. Dann lernte ich eine Malerin kennen, die nach Litauen gefahren war zum Recherchieren. Andere Künstlerinnen habe ich aufgenommen, wie Kitty Kleinmann, die in der Slowakei geboren wurde ein Jahr, nachdem der Krieg ausgebrochen war. Die ganze Familie wurde versteckt auf einem Bauernhof unter einem Stall. Es gab ein Loch, das abgedeckt war mit einem Bretterfußboden und darauf standen Kühe. Du kannst Dir vorstellen, wie das ist, wenn man in so einem Loch sitzt den ganzen Tag und das mit einem kleinen Kind. Bei Nacht konnten sie heraus. Dem Kind musste man Beruhigungstabletten geben, damit es nicht schreit. Das ist schrecklich! Sie beschreibt dieses Loch in ihrer Installation und in ihren Bildern. Auf der CD in meinem Lexikon sind auch Kunstwerke von Kitty Kleinmann abgebildet.

Wie war die Begegnung mit der Künstlerin Barbara Milman, und wie ist ihre Familiengeschichte?

Ich habe Barbara Milman im Internet gefunden, habe ihr eine Mail geschickt und ihr erzählt, was ich tue und gefragt, ob ich sie in mein Lexikon aufnehmen darf und ob ich Bilder von ihr auf die CD geben kann. Ich musste sowieso von allen noch lebenden Künstlerinnen die Bewilligung für die Präsentation auf der CD zum Veröffentlichen haben. Barbara Milman gab mir die Erlaubnis und seitdem habe ich mit ihr korrespondiert. Sie schrieb: "Ich komme nach Europa und möchte

Sie kennenlernen." Ich nannte ihr die Termine der Lesungen in Berlin. Gestern abend stand sie mit ihrem Mann im Centrum Judaicum vor dem Aufzug! Sie kam mit ihrem Mann aus Kalifornien. Ich kannte sie ja noch nicht. Ich habe mich so sehr gefreut, es war ein unglaublicher Zufall gestern abend in der Oranienburger Straße! Barbara Milman ist schon in Amerika geboren. Ihre Eltern stammen aus der Ukraine und aus Polen.

Gestern abend hatten wir Besuch, eine junge Künstlerin aus Irland saß bei uns am Tisch. Wer war diese junge Frau?

Christina Del'Arago aus Irland. Von ihr erhielt ich eine Mail, sie war mir völlig unbekannt. Nichts wusste ich über sie. Zufällig hat sie mein Lexikon über *Jüdische Frauen in der bildenden Kunst* entdeckt. Sie schreibt über Kunst, ist auch Künstlerin und bat mich, mehr über meine Arbeit zu berichten. Sie hatte einen Fehler in meinem ersten Band gefunden. Lea Grundig, die Malerin, die in Israel war und dann in die DDR ging, wurde Präsidentin der Künstlergilde und sogar Ministerin für Kunst in der DDR. Während des Krieges war Lea Grundig in Israel, und ich schrieb in meinem Buch, dass sie mit ihrem Mann, Hans Grundig, nach Deutschland zurückgekommen war. Tima Del' Arago sagte mir, dass das nicht stimmt. Ihr Mann war die ganze Zeit in Europa. Sie wird heute abend wieder zu uns kommen.,

Deine Rente in Israel ist gering, Dein Lebensstandard ist sehr niedrig, Dein Interesse an der Welt und an den Menschen ist sehr groß: Wie schaffst Du das alles?

Oh, ja, meine Telefonrechnung ist sehr hoch! Sprechen wir lieber nicht darüber. Als das letzte Lexikon in diesem Jahr erschienen war (III, 2006), musste ich telefonisch oder elektronisch 200 Künstlerinnen informieren. Ich habe viele Holocaust-Malerinnen in meinen Büchern.

Im Ghetto Fighters' Museum bei Akko habe ich viel erfahren über den Holocaust und über Holcaust-Künstler. Frau Dr. Rosenberg schickte mir ein Buch über Künstlerinnen in den Lagern. Das war für mich sehr interessant und wichtig. Es gibt sehr viele männliche Künstler, die ich nicht aufgenommen habe; die Künstlerinnen haben mich sehr interessiert. Darunter auch die Schalek, nach der ich gestern gefragt wurde, ob sie mit der Alice Schalek verwandt ist. Eine Schalek habe ich im ersten Lexikon und eine im dritten. Sie sind Cousinen, und beide waren Malerinnen. Malvina Schalkova ist in Ausschwitz umgekommen, und Alice konnte sich in die USA retten.

Ich bin jetzt zu Besuch bei Dir in Israel, bin auch schon ein wenig in diesem Land herumgekommen, habe viel gesehen. Jeden Tag und jede Stunde entdecke ich Neues und bin erstaunt über die Vielfalt der Natur in diesem kleinen Land. Viele Kalkhügel, auf denen das moderne Haifa gebaut wurde, der wunderbar angelegte Carmel Forest, die zauberhaften Blicke auf den See Genezareth, die Ausgrabungen aus den Zeiten der Römer, die grünen Hügel um Jerusalem und die Mond- und Salzlandschaft am Toten Meer. Hier am Toten Meer sitzen wir nun zusammen, schauen auf den See und auf die jordanischen Berge. Wie fühlst Du Dich in diesem Land, das seit 25 Jahren Deine Heimat ist?

Ja, es ist meine dritte Heimat, und ich glaube, es wird die letzte sein! Ich weiß nicht, wie lange ich noch leben werde, das kann niemand wissen. Wunderschön ist es in Israel, auch ich entdecke ständig Neues, das mich verwundert und in eine andere Welt versetzt. In einer anderen Welt, einer anderen Kultur habe ich gelebt. In der deutschen Kultur bin ich aufgewachsen, und in der rumänischen habe ich gelebt. Hier in Israel gibt es eine Vielfalt von Kulturen, ein Mosaik von ungefähr 90 Kulturen. Aus aller Herren Länder sind Einwanderer hergekommen, und jeder hat seine Kultur aus seinem Land mitgebracht. Da sind z.B Südamerikaner, Mexikaner, Argentinier, Brasilianer, die bereits vor dem ersten Weltkrieg nach dort ausgewandert sind. Baron Hirsch (Maurice des Hirsch) kaufte sehr viel Land in Brasilien und Argentinien auf und siedelte dort Juden aus Russland und anderen osteuropäischen Ländern an. Ich habe einige Künstlerinnen in meine Lexika aufgenommen, die von dort stammen, z.B. Lea Dolinski aus Moisesville, deren Großeltern von Russland nach dort ausgewandert sind. Sie selbst kam 1962 nach Israel und wohnt in Tel Aviv.

Dann haben wir äthiopische Juden, schwarze Juden, die behaupten, dass sie der 12. Stamm seien, der verlorengegangen ist im Laufe der Jahrtausende. Sie wurden in die orthodoxen-jüdischen Gemeinden aufgenommen. Sie haben natürlich einen Sprung übers Jahrtausend gemacht. Zu Hause sind sie bloßfüßig gegangen, haben Bürden auf dem Kopf getragen, waren Bauern. Sie kamen nach Israel, schlossen sich nicht an, blieben in ihrer Kultur. Sämtliche jüdischen Feiertage halten sie ein, obwohl ich überzeugt bin, dass nur die Hälfte von ihnen eine jüdische Herkunft hat. Sie besuchen die Universitäten, sind Ingenieure und Ärzte, sprechen zu Hause nur Amharisch.[*] – Aber das ist wohl das Problem in allen Einwanderungsländern. Warum sprechen wir noch Deutsch? Hier lebt nun schon die dritte Generation, spricht noch immer Deutsch und lebt in ihrer deutschen Kultur, liest deutsche Bücher.

Ohne Zweifel ist Israel ein Vielvölkerstaat, ein kleines Land mit vielen Ethnien. Du kommst auch aus einem Land, in dem es unterschiedliche Kulturen gab. Ein Landgebiet, wo viele durchgezogen sind, wie Du sagtest. Doch frage ich nochmal, wie fühlst Du Dich in dieser kulturellen, Vielfalt und fühlst Du Dich in diesem Land aufgenommen?

Ich kann nicht sagen aufgenommen. In die israelische Kultur habe ich mich nicht eingelebt zu meinem Leitwesen. Ich spreche auch nicht die Landessprache Ivrit. Natürlich kann ich das tägliche shopping und den Gang zum postoffice mit dem wenigen bestreiten, doch auch das ist für mich sehr schwer. Aber ich verspreche, in meinem nächsten Leben werde ich Hebräisch sprechen!

Warum bist Du damals mit Deinem Mann nach Israel ausgewandert? Warum musste es unbedingt dieses Land an der Levante sein?

Mein Mann war ein großer Zionist und wollte unbedingt nach Israel. Er wollte nicht nach Deutschland, doch ich habe gezögert, nach Israel zu gehen. Mein Mann konnte perfekt Hebräisch sprechen. Er konnte sich mit den Menschen unterhalten, ich hörte zu und verstand nichts. Das war sehr unangenehm!

Zionist sein und Hebräisch sprechen können, das kann ich verstehen. Hat er sich denn hier auch wohlgefühlt?

---

[*] "Das Amharische (Eigenbezeichnung አማርኛ amarəñña [amarɨnːa]) ist eine äthiosemitische Sprache, die im nördlichen Zentraläthiopien als Muttersprache von den Amharen gesprochen wird." https://de.wikipedia.org/wiki/Amharische_Sprache

Oh, ja, wohlgefühlt hat er sich, doch konnte er keine Arbeit finden. Er war immer gewöhnt zu arbeiten, doch man hatte nichts passendes, er war ja schon älter. Man bot ihm an, als Kartenkontrolleur zu arbeiten, doch das war nichts für ihn.

Dann bist Du mit Deinem Mann auf Reisen gegangen, denke ich. Ihr wolltet das Land kennenlernen, in dem Ihr zukünftig leben und zusammen alt werden wolltet.

Ich kenne das Land nicht so gut wie mein Mann es gekannt hat. Meine Mutter wurde schwer krank, ich pflegte sie in der Merkaz Klita. Vom Auffanglager aus, hat man allwöchentlich Ausflüge gemacht, um den Neueinwanderern das Land zu zeigen. Das konnte ich nicht mitmachen. Mein Mann war oft bei den Tagesausflügen dabei. Der Norden ist sehr schön, Galiläa, Golan und die Landschaft bis an die jordanische Grenze, Rosch Hanikra oder Megiddo. Es gibt eine solche Vielfalt von Kulturen, christliche, jüdische und muslimische Städt. Damals in den siebziger Jahren konnte man noch in Jerusalem in die al-Aqsa-Moschee, heute kann man als Jude nicht mehr hinein. Die Bahai-Religion, die hauptsächlich in Nordamerika und Canada verbreitet ist, ist eine sehr schöne Religion. Den interessanten Tempel mit der wunderschönen Parkanlage hier in Haifa hast Du gesehen? – Das alles ist die die absolute Schönheit von Israel. Viele Menschen aus der ganzen Welt wollen das erleben, kommen hierher. Jetzt, zu Ostern, reisen viele christliche Pilger aus der ganzen Welt zu uns nach Israel.

Dieses Land hat sehr oft Schwierigkeiten, ist oft im Kriegszustand,[31] Bomben werden gezündet, es geht heftig zu. Es wird gewarnt, die eine oder andere Gegend nicht zu besuchen, wir hören das in Westeuropa. Wie empfindet Ihr das, die ihr hier wohnt? Habt Ihr Angst davor oder gehört das zur Tagesordnung?

Wir sind daran gewöhnt. Zwei Libanonkriege habe ich bereits miterlebt. Der erste Krieg war gleich, als wir hier ankamen im Jahr 1982. Mein Sohn wurde sofort zum Militär eingezogen für fünf Monate und musste diesen Krieg mitmachen. Er hat die Autotransporte zum Libanon koordiniert. Es war eine schreckliche Zeit. Ich denke, das war

---

[31] Einige Länder sind mit Israel seit seiner Gründung im Kriegszustand. (ERW)

auch ein Grund, warum er mit seiner Frau in die USA gegangen ist. Wir sind ja immer der Puffer, wenn die Amerikaner mit den arabischen Staaten Schwierigkeiten haben.
Mein Mann hat alles minutiös in seinem Tagebuch festgehalten.
Dann gab es den zweiten Libanonkrieg 2006, wo Flugzeuge und Raketen über unser Haus flogen. Wir befanden uns in völlig abgedichteten Räumen, weil man annahm, dass sie Giftgas verwenden. Alles musste fest verklebt werden. Ein Batterietelefon und ein Batterieradio waren wichtig, damit wir die neuesten Nachrichten hören konnten. Einen Monat lang ging das so, richtig eingesperrt waren wir. Das war einfach nur schrecklich, und man hatte natürlich auch Angst!

Die Terroristen aus dem Libanon kamen über die Grenze, haben israelische Soldaten erschossen und zwei mitgenommen. Das war doch ein Übergriff, und wir begannen, militärisch anzugreifen. Die Feinde kamen mit Motorrädern, auf denen sie Raketen hatten und abschossen. So wurden viele Orte im Norden des Landes zerstört und die Menschen mussten evakuiert werden. Auch Haifa wurde beschossen. Viele Menschen sind damals geflohen aus der Stadt.

Jetzt schießt und bombt im Süden, die Hamas im Gazastreifen. Sie schießen auf die Stadt Sderot,[*] doch wenn wir uns wehren, sind wir die Schuldigen!

Hast Du Czernowitz wiedergesehen seit Du in Israel lebst?

Nein, nur ein einziges Mal nach unserem Weggehen von Czernowitz, nahmen wir an einer organisierten Reise teil. Von Ploieşti aus ging diese dreitägige Reise über die Moldau, über Putna, dann durch die Südbukowina nach Czernowitz. Wir waren in dieser Reisegesellschaft die einzigen Juden und auch die einzigen gebürtigen Czernowitzer. Die anderen Reisenden fuhren aus Geschäftsgründen und um billige Waren einzukaufen. Czernowitz gehört zur Ukraine. Elektrische Artikel waren sehr billig, auch Gold. Mit dem Gold hatten die Reisenden dann an der Grenze Schwierigkeiten. Das ukrainische Gold ist sehr viel dunkler, ich glaube 24 karätig. Ohne Schwierigkeiten konnte an der Grenze festgestellt werden, woher das Gold kommt. Es durfte ja nicht ausgeführt werden. Einen Staubsauger haben wir gekauft, der

---

[*] Unweit des nördlichen Gazastreifens; https://de.wikipedia.org/wiki/Sderot

fast dreißig Jahre gehalten hat. Wir sind sogar mit ihm hergekommen nach Israel.

Werden auch von Israel aus Reisen nach Czernowitz angeboten? Schließlich leben Czernowitzer, wie wir festgestellt haben, überall verstreut in der Welt. Einige habe ich ja in den letzten Tagen hier bei Dir in Haifa kennengelernt.

Oh, ja, fast jährlich werden organisierte Ausflüge mit dem Flugzeug nach Bukarest, Suceava, und auch in die Bukowina angeboten. 2005 trafen sich die Nachkommen der Czernowitzer, die entweder vor dem Ersten Weltkrieg, zwischen beiden Weltkriegen oder nach dem Zweiten Weltkrieg weggegangen oder ausgewandert waren, in Czernowitz. Die dritte Generation, die Enkel suchten die Spuren ihrer Großeltern und Eltern. Sie haben Sehnsucht nach Czernowitz. Die Stadt hat eine kolossale Anziehungskraft, sowohl für Juden als auch für Christen.

Gibt es auch eine deutschsprachige Zeitung in Israel? Du sagst ja selbst, dass Du Ivrit nicht kannst. Also musst Du Deutsch oder Englisch lesen. Zwei deutsche Fernsehsender siehst Du, bekommst durch sie Deine Informationen?

Natürlich, es gibt die *Israel Nachrichten*[*] (Chadashót Israel),[32] die in den 1930er Jahren gegründet wurde von deutschen Einwanderern, den Jeckes, wie man die Deutschen hier nennt. Diese Zeitung gibt es noch heute, die Leser werden immer weniger. Die alten deutschsprachigen Juden sterben aus. Nur der eine oder andere Jugendliche lernt Deutsch. Interessant ist, dass die Nachfahren der Czernowitzer fast alle Deutsch sprechen. Die deutschen Juden, die während der Hitlerzeit geflüchtet sind oder den Holocaust überlebt haben, wollten nicht, dass ihre Kinder Deutsch sprechen.

---

[*] Dazu: Alice Schwarz-Gardos, Zeitzeugnisse aus Israel – Gesammelte Beiträge der Chefredakteurin der 'Israel Nachrichten'. Konstanz 2006; Alice Schwarz-Gardos, Weitere Beiträge aus Israel. Konstanz 2007. (ERW)

[32] 2011 wurde die papierne Zeitung eingestellt, 2012 erwarb Dr. Dean Grunwald die Lizenz, und seit 2013 erscheint täglich die Online-Ausgabe. (C.W.-F.)

Sicherlich wollten sich die deutschen Juden von Deutschland trennen. Schließlich haben diese Familien zu Schreckliches erlebt! Doch Ihr Bukowiner habt auch Furchtbares erlebt, seid auch von den Nazis überfallen und verfolgt worden und liebt die deutsche Sprache, die bereits 1919 in der Öffentlichkeit verschwunden war.

Ja, das ist eben das Wunderland Bukowina. Die Juden aus der Bukowina führen weiter die deutsche Kultur, auch in der dritten Generation, ob sie in Amerika, Australien, Argentinien, Israel oder sonstwo in der Welt leben. Sie führen das Ererbte weiter. Eigentlich ist das ein Phänomen. Dann gibt es noch die deutschsprachige Zeitung der des Weltverbandes der Bukowiner Juden, *Die Stimme*.[33]

*

Vor Wochen saßen wir in Haifa an Deinem Tisch, unterhielten uns miteinander, und nun sitzen wir beide einträchtig mitten in Prag. Dass Du wieder nach Westeuropa gekommen bist, macht uns beide froh. Auf der Moldau sind wir vor einigen Stunden mit dem Schiff gefahren, haben die wunderbaren Fassaden der Stadt an uns vorüberziehen lassen. Sehr schön war das Erlebnis. In zwei Tagen werden wir zusammen mit dem Auto nach Wien reisen, und Du wirst aus Deinem neuen Manuskript lesen und Deine Gedichte vortragen. Denkst Du vielleicht in diesen Stunden daran, dass Dein Mann in den 1930er Jahren Student in Prag war?

Daran denke ich natürlich. Vorhin habe ich Dir die fünf Seiten mit seinen Prager Aufzeichnungen gegeben, nach denen man noch heute sehr gut die Stadt anschauen kann. Doch erinnere ich mich sehr stark an eine gemeinsame Reise nach Prag im Jahr 1963. Nur fünf Tage waren wir hier. Wir wohnten bei einem früheren Czernowitzer Klassenkameraden meines Mannes, der in Prag Medizin studiert hatte, eine Pragerin heiratete und mit ihr 1938 vor den Nazis nach Czernowitz flüchtete. Als Sieger in der sowjetischen Armee ist er 1945 hierher gekommen und bekam gleich eine große Wohnung. Irgendwo in Sibirien hatte man 1944 mit Freiwilligen dieses Bataillon zusammen-

---

[33] *Die Stimme* wurde 1949 gegründet u. erschien bis Ende 2018 gedruckt monatlich; seit Anfang 2019 erscheint sie vierteljährlich nur noch digital. (C.W.-F.)

gestellt. Dr. Guido Hornstein hatte sich freiwillig gemeldet, und mein Mann wollte auch mitmachen. Mein Mann und er korrespondierten regelmäßig miteinander, und wir wurden oft gebeten, ihn einmal zu besuchen. Zweimal war er auch bei uns in Rumänien. Als wir Prag damals verließen, schwärmten wir von der Stadt und meinten, gerne wiederzukommen. Von ihm dem alten Freund erfuhren wir ganz geheim, dass er sich über Wien nach Deutschland absetzen würde, was er mit seiner Frau dann auch getan hat. 1975 besuchten wir ihn in Düsseldorf, wo er inzwischen an der Universität Professor für Dermatologie geworden war.

In der letzten Woche fuhren wir mit dem Dampfer auf der Moldau und haben schöne Erlebnisse in Prag und Cernosice bei Jana gehabt. Deinen "amerikanischen Sohn" Michael und Deinen jüngsten Enkel Andrew hast Du in Prag getroffen und warst glücklich. Heute abend wirst Du hier in Wien Deine Gedichte lesen, und morgen fliegst Du wieder nach Tel Aviv. Kamen Erinnerungen an 1938 als Du hier in Wien als junges Mädchen bei Deinen Verwandten zu Besuch warst?

Viele Erinnerungen kamen wieder, doch es ist so viel Zeit verstrichen. Ich erinnere mich, dass ich mit einer Freundin von der Universität kam, und plötzlich fuhr ein kleiner Sportwagen langsam neben uns her. Meine Freundin hätte gerne gewusst, welche von uns der junge Mann im Auge hatte. Ich meinte, dass wir in unterschiedliche Richtungen weitergehen sollten, dann würden wir sehen, wem er folgt.

Der junge Mann fuhr mir nach, blieb stehen und sagte: "Kleines Fräulein, möchten Sie nicht einsteigen?" Ich weiß nicht, wie ich damals den Mut hatte, zu einem fremden Mann ins Auto zu steigen! Weißt Du, das waren andere Zeiten als heute. Außerdem war ich ja erst 19 Jahre. Doch hatte ich mich entschlossen und bin eingestiegen. Ja, tatsächlich eingestiegen. Der junge Mann stellte sich vor. Ein "von" war er, bitte schön! Er erzählte, dass er Student der Philosophie sei und mich zum Essen einladen möchte. Ich lehnte ab, sagte, dass ich zum Studium von Rumänien nach Wien gekommen sei, bei Verwandten wohnen würde und pünktlich dort sein müsse. "Vielleicht ein anderes Mal", war meine Antwort. Gleich wollte er sich für den nächsten Tag verabreden. "Nein, das geht leider auch nicht, morgen fahre ich nach Genf."* Bis zur Favoritenstraße 24 hat er mich dann gebracht mit seinem schönen Sportwagen und sich höflich verabschiedet. Heute denke ich an diese Begegnung und wie naiv und einfältig ich damals war.

Natürlich gingen wir damals auch zum Tanzen. Mit mir tanzte ein Amerikaner namens Jerry aus Ohio, der in Innsbruck studierte. Er schrieb mir dann nach Genf, und bei meiner Bahnfahrt von Wien nach Genf erschien er beim Halt in Innsbruck mit einer riesigen Bonbonniere auf dem Bahnhof. Dann habe ich nie mehr von ihm gehört. Kurz darauf gab es Krieg und die Welt veränderte sich von heute auf morgen.

Hat sich die Stadt Wien äußerlich sehr verändert?

Nein, das kann ich nicht sagen. Natürlich ist der Verkehr stärker geworden, die Tram fährt aber immer noch die gleichen Wege. Viele alte Leute sehe ich im Straßenbild. Alte Damen mit Stöcken beobachte ich, damals liefen nur die Herren mit Stöcken. Natürlich gibt es auch viele junge Menschen, die aus aller Welt hierher kommen.

Morgen werden Traudl und ich Dich zum Flughafen fahren. Ende September besuche ich Dich in Haifa, und wir werden alle zusammen dort Deinen 90. Geburtstag feiern.

Botschafter Andreas Michaelis überreicht Hedwig Brenner das Bundesverdienstkreuz der Bundesrepublik Deutschland am 1. März 2012 in Haifa (Foto Christel Wollmann-Fiedler)

---

* "Genf, die Stadt meiner Träume", in: Hedwig Brenner, Begegnungen mit Menschen und Städten. Konstanz 2015, S. 18 ff.

II. Erhard Roy Wiehn: Vor- und Nachworte in der Abfolge der sechs Hedwig-Brenner-Bände

Jüdische Frauen in der bildenden Kunst I (1998)

Hedwig Brenner: Danksagung

Es ist mir unmöglich, allen Personen und Institutionen zu danken, die mir bei der Abfassung dieses Werkes behilflich waren. Ich kann aber nicht umhin, hier einigen wenigen meinen herzlichsten Dank auszusprechen: Meinem Mann Gottfried, der mir die ganze Zeit über geduldig mit Rat und Tat zur Seite stand; meiner Freundin Charlotte Hirsch (Hanover, N.H./USA), für ihren Enthusiasmus und Glauben an meine Arbeit; Dr. Marianne Spitzer, die mir Zugang zu den in den USA befindlichen Quellen verschaffte; Frau Dr. Kybelova, Direktorin des Jüdischen Museums Prag, und Frau Dr. Bartosova für ihre fachmännischen Ratschläge; Ketty Hess, ursprünglich Südafrika, dann Toronto, für die Ratschläge bezüglich der Künstlerinnen aus Südafrika; der Art Library Sherman (Hanover, N.H./USA); der Städtischen Bibliothek Haifa; dem National Museum of Women in the Arts Library and Research Center, Washington, D.C.

*

"Die Kunst der Frauen, von der Geschichtsschreibung seit jeher einer Sonderbehandlung unterzogen, muss – ähnlich. wie die der Juden oder der ehemaligen Kolonialvölker – zunächst von der der Männer auch gesondert dargestellt und erarbeitet werden. Die spezielle Forderung, deren die Kunst von Frauen derzeit bedarf, ist notwendig, um kompensatorisch gegen ihre jahrhundertelange Ausschließung anzugehen." (Gisela Breitling, Die Spuren des Schiffes in den Wellen. Frankfurt a.M. 1986)

Margarita Pazi s.A.: Jüdische Frauen als Künstlerinnen

Die Exilliteratur hat in den letzten Jahrzehnten der Vernachlässigung spezifischer Gruppen exilierter Künstlerinnen und Künstlern in gewissem Maße entgegengewirkt, etwa im Bereich der Literatur. Die bildenden Künste haben jedoch weniger Interesse gefunden, vielleicht auch in Anbetracht technischer Schwierigkeiten (Nachdrucke, Bildkopien u.a.); deshalb ist die vorliegende Arbeit von besonderem Interesse.

Wie im Motto gesagt, bedarf die Kunst der Frauen einer besonderen Förderung. Das ist auch die Zielsetzung der hier vorgelegten rund zweihundert Biographien jüdischer Malerinnen, Bildhauerinnen, Graphikerinnen usw. Sie stammen aus allen Erdteilen; ausschlaggebend für ihre Auswahl war ihr jüdisches Schicksal und ihr Schicksal als Frauen.

Die breitgefächerte Liste dieser Künstlerinnen umfasst völlig unbekannte oder vergessene, aber auch erfolgreiche Frauen. Die einzelnen Biographien versuchen, die schöpferische Tendenz der Künstlerinnen auf dem Hintergrund ihrer Schicksale in den Jahren der Verfolgung zu zeigen, auf Einwirkung des Exils in ihren Werken hinzuweisen, Vergleiche zu ziehen, konzeptionelle Änderungen zu verdeutlichen.

Eine besondere Rolle spielt dabei die jüdische Tradition samt der in ihr verankerten Einschränkungen. Nicht zu vergessen ist hier insbesondere das Gebot: "Du sollst dir kein Bildnis machen... ", das durch Jahrtausende die bildende Kunst der Juden bestimmte.

Der historische Überblick, den die Autorin ihren Untersuchungen voranstellt, zieht eine Linie von Höhlenzeichnungen bis zu den letzten, ganz modernen, von Frauen geschaffenen Werken und gestattet einen Nachvollzug des langen Weges, den jüdische Frauen als Künstlerinnen gegangen sind.

In mehr als einem Sinne ist dieses Buch also auch ein Beitrag zur Erforschung des Exils und füllt eine Lücke, die lange unbemerkt blieb. Darüber hinaus kann diese Sammlung der heranwachsenden Künstlergeneration als Anregung dienen, weil es schwer zugängliche Informationen bietet, die hier sorgsam zusammengetragen sind.

Pnina Navè Levinson (1921-1998): Die Förderung und Rezeption jüdischer Kunst[34]

Ein verbreitetes Missverständnis behauptet, dass die Darstellung von Lebewesen dem gläubigen Judentum untersagt sei. Man spricht von

---

[34] In: H.B., Jüdische Frauen in den bildenden Kunst. Konstanz 1998, S. 219 ff.

einem angeblichen biblischen 'Bilderverbot' . Was jedoch verboten ist, ist die Anbetung von Bildwerken an Gottes statt, also der Götzendienst. Hingegen ist je nach Zeit und Kunststil alles willkommen, was der Verschönerung und Ausschmückung von Alltag und Fest in Haus und Synagoge gewidmet ist.[35] So befanden sich in der Synagoge von Dura-Europos in Syrien (244 u.Z.) zahlreiche Wandmalereien. Für babylonische Synagogen sind Statuen bezeugt, und durch Jahrhunderte wurden Bethäuser und Villen mit menschlichen Darstellungen in Mosaiktechnik geschmückt. Frauen konnten sich an all diesen Künsten gleichberechtigt erfreuen, denn erst in muslimischer Zeit gab es die Einrichtung der Frauenempore.[36]

Religionsgesetzlich waren also Bilder gestattet, das zeigen die reich geschmückten Handschriften der Pessach-Haggada (häusliche Oster-Liturgie) seit der Gotik. Sie gehörten zum Hausschatz der Familien. Vornehme Juden in Spanien eiferten darin der christlichen Aristokratie nach. Solche Miniaturen zeigen den damaligen internationalen Stil samt schöner Frauen, bekleidet oder nackt.[37] In Heidelberg entstand eine Haggada, deren Bilder auch die Darstellung von Frauen mit ihren rabbinischen Studienmeistern enthält.[38] Oft wurden Handschriften von Frauen in Auftrag gegeben. Gelegentlich finden sich darin ihre Porträts.

Kunstwerke galten je nach ihrem Inhalt und Kontext als jüdisch, nicht aber infolge ihrer Ausführung: Sie konnten auch von Nichtjuden angefertigt werden. Das trifft weitgehend für Mosaikbilder im Land Israel zu: Man nimmt an, dass die gleichen wandernden Künstler Kirchen und Synagogen schmückten. Verschieden waren die religiösen Symbole und Inschriften. In den griechischen und hebräischen Synagogentexten werden Frauen in vielerlei Funktionen ausgewiesen: Vorsteherin, Mutter der Synagoge, Älteste, Stifterin.

---

[35] Vgl. meinen Aufsatz "Menora und Goldenes Kalb", in: UDIM, Zeitschrift der Rabbinerkonferenz in Deutschland. Bd. 17, Hg. Joel Berger, Stuttgart-Köln 1995.

[36] Bernadette I. Brooten: Women Leaders in the Ancient Synagogue. Inscriptional Evidence and Background Issues. Brown University Iudaic Studies 36, 1982.

[37] Z.B. B. Narkiss: The Golden Haggadah. The British Library. London 1996 (Nachdruck)

[38] Bildbände, Die Darmstädter Haggada.

Diese aktive Teilnahme geht auf eine frühe biblische Zeit zurück. Zur Erstellung des ersten Heiligtums nach dem Auszug aus Ägypten (um 1300 V.u. Z.) konnten Männer und Frauen als freie Menschen jene Fertigkeiten beisteuern, die sie früher als Sklaven zu leisten hatten (2 Mose 35-39). Nun hieß es: "Alle kunstverständigen Frauen spannen mit eigenen Händen und brachten das Gesponnene, blauen und roten Purpur, Karmesin und Bysaus. Und alle Frauen, die ihr Herz in Kunstverstand bewegten, spannen die Ziegenvliese" (2 Mose 35, 25-26). Alle Materialien waren von jedermann und jederfrau gestiftet worden. Als besonderen Beitrag gaben die diensttuenden Frauen des Heiligtums ihre kostbaren Bronzespiegel zur Herstellung des priesterlichen Waschbeckens (dort 38,8), das unerlässlich für die Durchführung der Gottesdienste war. Im Allerheiligsten befanden sich dreidimensionale Bildwerke – die beiden goldenen Engel, Cherubim (dort 37,7-9).

Auch Synagogen wurden mittels der Gaben und Arbeiten von Frauen ausgestaltet, darunter kostbare Gewänder, die sie als Vorhänge für den Heiligen Schrein umwidmeten und mit Motiven aus der Tier- und Pflanzenwelt sowie Texten bestickten, darunter auch ihre Namen. Solche Arbeiten befinden sich in jüdischen Museen. Andere vererbten ihren Silberschmuck als heiligen Zierat. Beispiele aus dem Jemen befinden sich in der Sammlung 'Frau der Stärke', Eschet Chajil, des Israel-Museums (Jerusalem) auf der Empore der dorthin gebrachten italienischen Synagoge. In dieser Sammlung befindet sich ein Renaissance-Exponat von besonderer Signifikanz: das silberne Kästchen einer Dame, mit Darstellungen der besonderen Frauengebote des religiösen Lebens – Teighebe [https://de.wikipedia.org/wiki/Challa], Lichtersegen und das nackte Untertauchen im Bad. Weitere Kunstgegenstände der Ehewürde waren Silbergürtel des Brautpaares, die besonders in Deutschland geschätzt wurden und wohl auf die Renaissance zurückgingen."[39] Es ist anzunehmen, dass die Auftraggeberinnen oder Erbinnen solcher Kunstwerke selbst zeichneten, malten und schmiedeten.

Dazu gibt es kaum Forschungsarbeiten. Gab es vielleicht Familienwerkstätten, in denen Frauen und Töchter mitarbeiteten, ähnlich wie in hebräischen Druckereien? Aus diesen haben wir eine Preziose – die

---

[39] Abbildungen in Artikel 'Siwlonot' (Brautgürtel), Jüdisches Lexikon, Bd. 5, Berlin 1995. (Nachdruck)

Entschuldigung der neunjährigen Ella aus Dessau für eventuelle Satzfehler.[40] Die Verbindung von Wohnung und Werkstatt war oft dienlich, um Begabungen zu fördern. Manche Fertigkeiten, die uns 'weiblich' erscheinen, übten Männer aus etwa die Stickereien jemenitischer Juden. Hebräische Kalligraphie ist meist 'männlich', jedoch gibt es viele Ausnahmen, etwa im heutigen kalligraphischen Wand-schmuck sowie einem Hauptzweig der jüdischen religiösen Kunst – der Ketubba, dem Ehevertrag.[41]

Die Offenheit der Moderne bahnte den Weg zur individuell gestalteten Entwicklung in Technik, Stil und Gegenstand. Dabei sollte freilich zu erhoffen bleiben, dass bei einigen Künstlerinnen auch jüdische Themen eine emotionale und gestalterische Rolle einnehmen. Eine plurale Kunst sollte beides ermöglichen – Frauen, deren Herkunft und Leben mit der jüdischen Gemeinschaft verbunden sind, und unter ihnen auch jene, die sich dem spezifisch jüdischen Bereich zuwenden und zur Verschönerung im privaten und öffentlichen Umkreis beitragen

Erhard Roy Wiehn: Pionierarbeit für jüdische Künstlerinnen

Wer sich die Stammmütter Israels anschaue. verstehe sogleich. dass Sara, Rebekka, Rahel, Lea, ja Eva als erste Mutter und Frau keine untergeordnete Stellung einnähmen. so Nathan Peter Levinson, und Sara sei das. was ihr Name aussage: Fürstin. Gebieterin. Man brauche nur an Rebekka zu denken: Eine kluge. furchtlose. souveräne Frau. Und "Jakob diente um Rahel sieben Jahre. und sie waren in seinen Augen wie wenige Tage. da er sie liebte." Groß sei das Lob der Bibel für die liebliche Ruth, aber auch Naomi in ihrer Würde gehöre zu den großen Gestalten der Dichtung. "An jedem Freitagabend (Erev Schabbat) singen jüdische Hausväter ... das 31. Kapitel der Sprüche Sa-

---

[40] Siehe in meinem Buch: Was wurde aus Saras Töchtern? Gütersloh, 3. Auflage 1993, S. 122.

[41] Siehe Bildbände: The Ketubbah; sowie in Stegel/Strassfeld/Strassfeld (Hg.): The Jewish Catalog, Philadelphia 1973 (Anweisung in jüdischen Fertigkeiten; Handbuch).

lomons":[42] "Viele Frauen schufen Gutes (....), in den Toren preisen sie ihre Werke."

Dass es jüdische Frauen als Künstlerinnen innerhalb wie außerhalb ihres Volkes schwer hatten, ist gleichwohl kaum zu bestreiten. Was die Probleme mit der nichtjüdischen Umwelt betrifft. so dürfte in vielen Abstufungen außerhalb Israels ziemlich allgemein gelten, was Tanja Bierkämper über Dora Bromberger schreibt: "Doch als Jüdin war das Schicksal ihres Werkes eng mit ihrem persönlichen Schicksal verbunden, und ihre Kunst galt nach 1933 als entartet. Spätestens ab 1938 war sie, längst ihrer Menschenwürde beraubt, immer stärkeren Diskriminierungen ausgesetzt. Auch künstlerisch scheint sie in den dreißiger Jahren ohne Perspektive gewesen zu sein. Ihr Leben endete 1942 in einem Vernichtungslager." Vor ihrer Deportation musste sie folgende Erklärung unterzeichnen: "Ich. der unterzeichnete Jude. Bestätige hiermit, ein Feind der deutschen Regierung zu sein und als solcher kein Anrecht auf das von mir zurückgelassene Eigentum. auf Möbel, Wertgegenstände. Konten oder Bargeld zu haben. Meine deutsche Staatsangehörigkeit ist hiermit aufgehoben, und ich bin vom 17. November (1941) an staatenlos."[43] Dora Bromberger wurde eben-so fast vergessen wie etwa Anne Ratkowski und andere. ein gemeinsames Schicksal vieler jüdischer Künstlerinnen.

Die falsche Vorstellung vom Bilderverbot im Judentum habe zur falschen Beurteilung der Juden als einem überhaupt "unkünstlerischen" Volk geführt. argumentiert Hannelore Künzl; zwar gebe es keinen jüdischen Kunststil, wohl aber eine jüdische Kunst. Von jüdischer Kunst sei die "Kunst von Juden" abzugrenzen; denn eine Gleichsetzung jüdischer Kunst mit der Kunst von Juden 10 würde die große Fülle der jüdischen Kunstwerke unverhältnismäßig begrenzen: "Jüdische Kunst ist demnach in engerem Sinne eine jüdisch-religiöse Kunst, deren Hersteller Juden sein können, aber nicht sein müssen." [44]

---

[42] Nathan Peter Levinson, Ein Rabbiner in Deutschland. Gerlingen 1987, S. 39 ff., hier Vers 29 u. 31.

[43] Tanja Bierkämper et al., Malerinnen des XX. Jahrhunderts. 1995, S. 11 ff.; vgl. J. Picard, "Recht auf Abweichung? Das Juden- und Frauenbild der deutschen Romantik und Bettine von Arnims Seitensprung", In: Erhard Roy Wiehn (Hg.), Judenfeindschaft. Konstanz 1989, S. 73-94. 1989, S. 73 ff.)

[44] H. Künzl; Jüdische Kunst von der biblischen Zeit bis in die Gegenwart. München 1992, S. 7 ff.

In ihrer Schrift 'Jüdische Kunst – Von der biblischen Zeit bis in die Gegenwart' erscheinen alsdann im Personenregister tatsächlich nicht mehr als sieben Frauennamen, nämlich: Andrea Bustolon (1662-1732, S. 103), Caterina da Costa 18. Jahrhundert (S. 135), Luise Kaish (S. 163, 198), Ruth Lewin (S. 200), Else Pollak (S. 198), Ziona Tagger (S. 175) und Anna Ticho (S. 200), alle sind äußerst knapp charakterisiert.

Hedwig Brenner präsentiert also mit ihrer vorliegenden Pionierarbeit von 199 Porträts jüdischer Künstlerinnen nicht nur einen längst überfälligen Beitrag zur Kunstgeschichte, sondern überdies zur Erforschung jüdischer Frauengeschichte und nicht zuletzt vielleicht auch zum 'Max-Liebermann-Gedächtnis-Jahr', das am 20.7.1997 zum 150. Geburtstag des Meisters begann.

Die Autorin bot uns am 14.03.1995 ihre Arbeit an, und zwar durch Vermittlung von Marianne Ahlfeld-Heymann, deren Überlebensbiographie wir im Frühjahr 1994 veröffentlicht hatten;[45] im Spätsommer 1995 konnte mit der ersten Lektorierung des umfangreichen Textes begonnen werden, dessen Bearbeitung in Haifa und Konstanz sich bis Frühsommer 1997 hinzog. Aber auch umfangreiche Manuskripte müssen einmal abgeschlossen werden, selbst wenn sie nicht ganz perfekt und vollständig sein sollten, was sie vielleicht gar nicht sein können.

Die Autorin bedauert ebenso wie der Herausgeber und der Verlag, dass dieses Buch aus Kostengründen nicht so bebildert werden konnte, wie es alle gerne gesehen hätten. Doch wer weiß, vielleicht kann dies in der zweiten Auflage geschehen? Herzlich zu danken ist Hedwig Brenner für ihre jahrelange Pionierarbeit, Heide Fehringer[*] für die Textarbeit, ihr, Bettina Schröm und Werner Sauermann fürs Korrekturlesen sowie Bettina Schröm und Verena Boos für die Textgestaltung.

Pnina Navè Levinson hat wegweisend über Frauen im Judentum geschrieben und damit nicht nur jüdische Frauen ermutigt: "Seit Jahrtausenden segnen Eltern ihre Töchter am Sabbat: 'Möge Gott dich

---

[45] Marianne Ahlfeld-Heymann, Und trotzdem überlebt. – Ein jüdisches Schicksal aus Köln durch Frankreich nach Israel 1905-1955. Konstanz 1994.

[*] Mein Danksagungen von damals möchte ich hier wie auch in meinen folgenden fünf Vorworten stehenlassen, denn ohne meine Mitarbeiterinnen wären die Editionsarbeiten gar nicht zu machen gewesen. (09.10.2020)

werden lassen wie Sara, Rebekka, Rachel und Lea!" Und bereits in der Antike hätten die Vertreter des religiösen Fortschritts eingeführt, dass der Tisch des Hauses der Altar Gottes sei "und die Frauen den Sabbat mit Licht einsegnen."[46] Möge dies sinngemäß auch für jüdische Künstlerinnen gelten. – Sukkot 5758 – im Oktober 1997

Hedwig Brenner: Jüdische Frauen in der bildenden Kunst

1. Charakteristika jüdischer Künstlerinnen

Die Künstlerinnen, deren Lebenswege und Werke in den folgenden Biographien beschrieben werden, haben im allgemeinen einige Charakteristika gemeinsam.

1. Talent zur bildenden Kunst: Ob sie nun im Westen Europas oder im östlichen Ghetto geboren und aufgewachsen sind, ob sie aus dem Nahen Osten oder aus Nordafrika stammen, aus Amerika oder aus dem polnischen 'Schtetl', ob sie geschulte Malerinnen mit akademischer Bildung waren bzw. sind oder ihr Wissen durch Arbeit in den Ateliers berühmter Künstler erworben haben, sie waren und bleiben stets originell schaffende Künstlerinnen.

2. Das Frauenschicksal: Frauen wurden immer in den Hintergrund gedrängt und übersehen. So geschah es, dass bis zur Mitte des 20. Jahrhunderts nur ein minimaler Prozentsatz von weiblichen Künstlern in Kunstgeschichten erwähnt wurde. Beseelt von ihrem Talent suchten sie eine künstlerische Laufbahn einzuschlagen, mussten aber, um sich zu behaupten und ihre Werke in Ausstellungen oder Galerien vorführen zu können, diese oft unsigniert, d.h. anonym oder unter männlichem Pseudonym einreichen. Ehe, Heimarbeit und Kinder bildeten Sonderprobleme weiblicher Künstler. In vielen Künstlerehen oder Partnerschaften verzichteten die Frauen auf ihre künstlerische Karriere oder blieben im Schatten des berühmten Mannes, um dem Partner den ungeteilten Ruhm zukommen zu lassen, beispielsweise: Lee Krasner und Jackson Pollok, Felka Platek und Felix Nussbaum, Sally und Milton Avery. Andere, vom Schicksal bevorzugtere Frauen, wirkten

---

[46] Pnina Navè Levinson, Was wurde aus Sarahs Töchtern? Frauen im Judentum. Gütersloh 1989.

mit ihren Partnern im gleichen Atelier, arbeiteten aber in unterschiedlicher Manier und gelangten durch gegenseitige Kritik und fruchtbare Diskussionen zu gemeinsamem Ruhm. Viele Künstlerinnen wurden vor die Wahl gestellt: Entweder Karriere oder Familie, und nur die finanziell unabhängigen oder ihres Könnens gewissen Frauen wählten die Karriere, oft auch als Folge einer gescheiterten Ehe.

3. Die jüdische Herkunft: Aus den nachfolgenden Biographien geht hervor, dass diese Frauen entweder sich selbst zum Judentum bekennen oder von jüdischen Eltern bzw. einem jüdischen Elternteil abstammen. Manche kommen aus streng orthodoxen Familien, die den Künstlerberuf der Tochter nicht nur nicht billigten, sondern bekämpften, auch auf die Gefahr hin, sich der Tochter zu entfremden. Im Gegensatz dazu gab es Familien, die ihre begabten Töchter 14 verständnisvoll unterstützten und ihnen Malunterricht oder eine akademische Ausbildung ermöglichten.

Die orthodoxe jüdische Tradition gibt den Frauen wohl das Recht, als 'Herrin des Hauses' zu walten, doch verbietet sie ihnen jedwede Betätigung außerhalb des Hauses und – ähnlich wie der Koran den moslemischen Frauen und die 'Manusmriti' [https://en.wikipedia.org/wiki/Manusmriti] den indischen Frauen – ohne männliche Begleitung, sei es Vater, Gatte oder erwachsener Sohn, in die Öffentlichkeit zu treten. Auch verbietet das jüdische Religionsgesetz, Gesichter zu malen oder nachzubilden, da doch der Mensch "als Ebenbild Gottes" erschaffen sei, dessen Züge nicht gesehen werden dürfen.

Hier ist einer der Gründe für das späte Auftreten jüdischer Malerinnen und Bildhauerinnen zu finden, da ihr Entschluss nicht nur eine Flucht aus der patriarchalisch organisierten Familie, sondern auch ihre Emanzipation von Religionsvorschriften bedeutete.

4. Heimatlosigkeit und Migration: Die meisten von ihnen sind entweder selbst oder in zweiter Generation 'displaced persons', Ihre Eltern oder Großeltern mussten die Heimat verlassen, eine Heimat, in der sie oft nur geduldet und aus der sie durch Pogrome, Kriege, Revolutionen, im allgemeinen jedenfalls mit Gewalt vertrieben worden waren oder aus politischen bzw. wirtschaftlichen Gründen das Exil vorzogen. Die so verlassene Heimat war meistens das russische oder polnische 'Schtetl', die Ghettos während des Zweiten Weltkrieges, oder es waren die Judenviertel der arabischen Länder des Nahen Ostens, Vorderasiens und Nordafrikas.

Die mittel- und westeuropäischen jüdischen Künstlerinnen hatten teilweise das Glück, dem Holocaust in Europa zu entgehen, indem sie nach England, Amerika, Australien oder Palästina emigrierten, viele von ihnen, darunter ausgereifte Talente, sind jedoch in den Gaskammern von Auschwitz-Birkenau oder in Treblinka ermordet worden. Einigen wenigen gelang es, dank ihres Talentes ihr Leben zu retten und den Krieg zu überleben. Die meisten von ihnen haben Europa den Rücken gekehrt und leben heute in Israel.

Künstlerinnen haben ihren männlichen Kollegen im allgemeinen einiges voraus: Frauen haben eine tiefe seelische Beziehung zu Kindern und zur Natur, ebenso ein stärkeres Einfühlungsvermögen für die Modelle ihrer Porträts. Landschaften, die sie malen, Blumen, die sie mit hellen, leuchtenden Farben auf die Leinwand zaubern, die abstrakten Kompositionen oder überdimensionalen Skulpturen, alles hat Leben, Schwung und oft Optimismus. Frauen wirken ein Stück ihrer Seele, ihrer Gedanken und Gefühle, ihrer Leiden und Freuden in ihre Werke mit hinein. Frauen sind tüchtige, fleißige, von Ausdauer geprägte Künstler. Ob sie Holzschnitte schneiden oder Masken bilden, ob sie Figurinen aus Keramik modellieren oder Büsten aus Stein hauen, immer flößen sie ihnen Leben ein, wie einst Rabbi Löw seinem Golem in Frage.

2. Zur Geschichte jüdischer Künstlerinnen

Der griechischen Mythologie zufolge soll Kallyrhoe, Tochter des Titanen Okeanos und seiner Schwester und Gattin Thetis, die Erfinderin der Malerei sein. Auch unter dem Namen Kora, Jungfrau von Korinth bekannt, soll sie das vom Feuerschein auf eine Wand projizierte Profil ihres Geliebten nachgezeichnet haben. Vielleicht ist dies der Grund, warum die Malerei allegorisch durch eine Frau dargestellt wird und das Wort 'Kunst' in vielen Sprachen weiblichen Geschlechts ist: die Malerei, la peinture, pittura, pictura etc.

Archäologen wollen nachgewiesen haben, dass die Malerei das erste Handwerk der Menschen war, vor der Töpferei und Weberei. Bereits in der Steinzeit haben die Höhlenbewohner ihre Wohnstätten durch Zeichnungen und Malereien verschönert. Dies bezeugen die Zeichnungen von Frauen- und Männergestalten, von Tieren, Waffen,

Handabdrücken sowie geometrisch anmutende Ornamente, die in der Zeitspanne von 25.000 bis 2.000 Jahren v.u.Z. entstanden sind und in den Höhlen von Altamira, Cuava de Tajo, Sastello u.a. entdeckt wurden. Auch auf der Sinai-Halbinsel und in den Bergen von Judäa hat man Felszeichnungen entdeckt; allerdings konnte bis heute nicht bewiesen werden, dass diese von den vor 4.000 Jahren durch die Wüste wandernden Israeliten geschaffen wurden.

Wie alle Völker der Antike räumten auch die Hebräer den bildenden Künsten wie Freskenmalerei, Mosaik, Goldschmiedekunst, Bildhauerei und Architektur den ihnen gebührenden Platz ein. Die Bibel erwähnt die Namen zweier Goldschmiede, Bezalel und Oholiab (2 Mose 31, 35, 36), die Erbauer der Stiftshütte, des Zeltheiligtums, das zur Zeit der Wanderung durch die Wüste die Kinder Israels begleitete und von zentraler Bedeutung war, wobei sie sich als Bildner der goldenen Kultgegenstände für den Gottesdienst besonders hervortaten. Obwohl es durch das jüdische Religionsgesetz verboten war, Gesichter zu malen oder nachzubilden, finden sich auf den Wänden der Synagoge von Dura-Europos (Syrien), heute im Museum von Damaskus zu sehen, Fresken biblischer Szenen mit Darstellungen von Menschen, wie die Rettung Moses aus dem Nil, die Durchquerung des Roten Meeres u.a., was beweist, dass es bereits im Altertum Maler gab, die sich den betreffenden Gesetzen der Religion nicht unterwarfen bzw. diese anders auslegten oder verstanden.

Bereits der römische Schriftsteller Plinius der Ältere (24-79), der beim Ausbruch des Vesuvs in Pompei umkam, beschäftigte sich in seinem enzyklopädischen Werk 'Naturalis historia' sowohl mit der Beschreibung des Universums, mit Zoologie, Botanik, Geographie und Anthropologie als auch mit Kunstgeschichte. So erfahren wir von ihm, das die Töchter der reichen Patrizierfamilien im antiken Rom sich mit Malerei befassten, Porträts malten und Skulpturen anfertigten, wobei die von ihnen ausgestellten Werke oft diejenigen ihrer männlichen Kollegen übertrafen. Plinius nennt einige von ihnen: Helene und Aristarete, Töchter eines damals bekannten Malers, Timarete, sowie die Porträtistin Marsia. Im 35. Buch berichtet er, dass die Tochter eines Töpfers namens Dibutades den Schattenriss ihres Geliebten auf der Zimmerwand festhielt und so das erste Gemälde schuf. Der Maler Daniel Chodowieki fertigte 1787 die Zeichnung 'Die Erfindung der Malerei'.

Im christlichen Mittelalter wurde es Nonnen gestattet, für die Klöster Heiligenbilder, Madonnen und Bibelszenen zu malen. Die flämische Malerin Clara Peters (1594-1657) malte bereits Stillleben; die Tochter des bekannten Kupferstechers Matthäus Merian, Maria Sibylla (1647-1717), fuhr im Alter von 55 Jahren nach Surinam (früher holländisch Guayana), wo sie Zeichnungen von Pflanzen und Tieren des südamerikanischen Dschungels schuf; Lavinia Fontana (1552-1614) war Hofmalerin bei Papst Clemens VII., hatte elf Kinder und verdiente den Lebensunterhalt für die ganze Familie. Elisabeth Vigee-Lebrun (1755-1842) war Hofmalerin Katharinas der Großen. Es ergab sich, dass talentierte Frauen langsam das Handwerk der Männer übernahmen, sich nicht nur auf religiöse Themen beschränkten, sondern auch Landschaften und Stillleben malten. Besonders Porträtmaler waren zu jener Zeit sehr gesucht, da man noch lange nichts von Fotografie wusste.

Im 16. Jahrhundert hatte Giorgio Vasary (1511-1574), der italienische Baumeister und Maler, in seinen bekannten Künstlerbiographien 'Vite' (1568) auch Malerinnen wie Suor Plantilla, Barbara Longhi u.a. erwähnt. Es ist interessant festzustellen, dass die weiblichen Künstler in großem Maße das Pech hatten, nur für kurze Zeit bekannt oder gar berühmt zu sein, um dann rasch in Vergessenheit zu geraten. Man muss bedenken, dass es in jeder Generation berühmt bleibende und vergessene Künstler gibt, dennoch ist die Zahl der bekannten Künstlerinnen unverhältnismäßig kleiner als die der männlichen Kollegen, was seine biologischen und sozialen Gründe hat, welche den Wettkampf mit dem 'starken Geschlecht' für die weiblichen Künstler ungünstig beeinflussten.

Im Sinne der allgemeinen Auffassung von Töchtererziehung gab es in den vergangenen Jahrhunderten selbstverständlich keine Malschulen für Frauen; doch vermögende Eltern, deren Töchter Zeichentalent aufwiesen, ließen sie Zeichnen und Malen in den Ateliers bekannter Maler und Kupferstecher lernen. Die erste Malschule für Frauen gründete Lovis Corinth im Jahre 1901 in Berlin.

In manchen Fällen war es Liebe, Partnerschaft und Ehe, die Meister und Schülerin verbanden. In vielen Künstlerehen wurden die ehemaligen Schülerinnen gleichberechtigte Partnerinnen ihrer Ehegatten, in vielen anderen Fällen wurden sie nur als Modelle oder bestenfalls als

Kopistinnen benutzt, und es kam nicht selten vor, dass die Frau ihre eigene Persönlichkeit und ihr Talent in den Schatten des Meisters stellte, auf ihre eigene Karriere und ihren Ruhm verzichtete, um den Ruhm ihres Partners nicht zu schmälern, wie z.b. im Falle Auguste Rodin und Camille Claudel. Andererseits sind auch viele glückliche Künstlerehen bekannt, in welchen beide Partner im gleichen Atelier arbeiteten, sich miteinander berieten und in den gleichen Galerien ihre Werke ausstellten, z.b. Charlotte Berend und Lovis Corinth, Robert und Sonja Terk-Delaunay, Otto und Paula Modersohn-Becker, Grete und Leopold Krakauer, Avram Abrahami und Ida Mordkin, Thereza Bernstein und William Meyerowitz, Diego Rivera und Frieda Kahlo u.a.

Der Kampf um die Gleichberechtigung in der Kunst ist noch nicht zu Ende, nur sehr wenige Künstlerinnen hatten den Mut und die Willenskraft, sich von ihren Minderwertigkeitskomplexen zu befreien und das bürgerliche Ehe- und Familienleben zugunsten ihrer Karriere zu opfern. Oft und meist jüdische Künstlerinnen stellten ihre Werke unter männlichem Pseudonym aus, und erst mit dem allgemeinen Fortschritt erkämpften sich emanzipierte Frauen das Recht, akademisch ausgebildet als gleichwertige Partnerinnen angesehen und nicht mehr übersehen zu werden.

Die jüdischen Künstlerinnen hatten einen noch viel erbitterteren Kampf auszufechten, da sie ihren Willen und ihren Mut zu ihrer Berufung außer gegen die allgemeinen Vorurteile gegenüber Frauen auch gegen die überkommene Tradition des Ghettos, gegen die begrenzte Rolle der Frau in der traditionellen jüdischen Familie und gegen die durch die Religion aufgezwungenen Beschränkungen der Darstellung von Porträts oder Büsten durchsetzen mussten. 18 Es war ein Kampf gegen die Sitte, gegen die Eltern, gegen die Sippe, gegen die Synagoge, und unzählige sind daran zerbrochen bzw. haben trotz ihres großen Talents auf eine künstlerische Laufbahn verzichtet. Einem Teil gelang der Sprung aus den engen Gassen des osteuropäischen Schtetls an die Kunstakademien der großen Welt: Berlin, Paris, Wien, Dresden, Florenz oder München. Viele von ihnen wurden bekannte und anerkannte Künstlerinnen und sind in allen Richtungen und Ausdrucksformen der bildenden Kunst vertreten. Ähnliche antagonistische Entwicklungsbedingungen für eine künstlerische Betätigung der moslemischen Frauen bestehen noch heute in vielen Ländern sowie in Indien und Ländern der Dritten Welt.

Wie bei allen Völkern ist der verbriefte Anfang künstlerischer Betätigung auch bei den Juden immer in Zusammenhang mit religiöser Tätigkeit, d.h. Ausschmückung von Kultgegenständen, Buchillustrationen hebräischer Handschriften und Glasmalereien auf Synagogenfenstern zu finden, wobei der Anteil der Frauen sich oft auf Ausarbeiten von Thoravorhängen beschränkte und anonym blieb.

Eine der ersten jüdischen Künstlerinnen, die namentlich in der Kunstgeschichte verzeichnet ist, war Lea Ottolenghi aus Norditalien, welche im Jahre 1699 der Synagoge ihrer Heimatstadt einen von ihr entworfenen und mit Seidenfaden handgestickten Thoravorhang übergab. Sie versah diesen Vorhang mit religiösen Symbolen: der Menorah, dem brennenden Dornbusch, Gesetzestafeln und bunten, zu Girlanden verbundenen Blumen; in einer Ecke sind ihr Name und die Jahreszahl gestickt. Dieser Thoravorhang befindet sich, sehr gut erhalten, im Jüdischen Museum New York.

Ein ähnlicher Vorhang, sogar etwas älter, ist im Jüdischen Museum Prag zusehen. Holländischen Chroniken zufolge soll in Rotterdam eine gewisse Esther Engelhard, Tochter einer gutsituierten jüdischen Familie gelebt haben, die in Italien ihre künstlerische Ausbildung erwarb, dann in Venedig und Holland wirkte und wegen ihrer Thoravorhänge berühmt war. Sie soll 1586 gestorben sein; keines ihrer Werke hat die Jahrhunderte überdauert.

Mit ziemlicher Bestimmtheit kann als erste bekannte jüdische Malerin die in England beheimatete Catherina da Costa (1679-1756) angesehen werden, die einer sephardischen Familie entstammte. Sie lebte zur Zeit, als Cromwell den vertriebenen Juden die Einwanderung und das Niederlassungsrecht gewährte und die Nachkommen der Marannen aus Spanien und Portugal in Holland und 19 England eine neue Heimat fanden. Sie entstammte einer wohlhabenden Familie und konnte daher ihr Zeichentalent ausbilden, indem sie beim bekannten Kupferstecher Bernard Lens Malerei und Zeichnen studierte. Catherina malte Porträts, z.B. das ihres zehnjährigen Sohnes Abraham da Costa (1714), ihres Vaters, Dr. Fernando Mendes (1721), Hofarzt König Karls 11. (1660-1685), und Miniaturen in naiver Manier.

Ein halbes Jahrhundert sollte verstreichen, ehe eine andere sephardische Jüdin namens de Castro ihre Ölbilder – Blumen und Landschaften – in der Royal Academy of Arts London im Jahre 1777 ausstellen durfte. Sie war die erste jüdische Malerin, der diese hohe Ehre zuteil wurde.

Historische Ereignisse, Kriege, blutige Pogrome in Osteuropa, brachten eine große Einwandererwelle von Ostjuden nach England, die hier eine neue, freundlicher gestimmte zweite Heimat fanden. Sie brachten mit ihrem Glauben auch ihre Bräuche und Sitten sowie andere Kunststile aus dem Ghetto und dem russischen oder polnischen Schtetl, wobei sie ihre künstlerischen Talente im demokratischen England frei entfalten konnten. Junge Künstler und Künstlerinnen bildeten Zirkel und Kunstschulen unter der Leitung geschulter Maler, Kupferstecher und Miniaturenmaler und veranstalteten Ausstellungen ihrer Werke.

In der Schule des bekannten jüdischen Malers Burrell studierte u.a. auch die junge Malerin Martha Isaaks, deren lebendiges, wirklichkeitsgetreues Bildnis des Rabbi Tewelli Schiff im Jahre 1771 ausgestellt wurde. Bemerkenswert ist dabei, dass zu jener Zeit ein Rabbi einer Frau Modell saß. Die Sehnsucht nach exotischen Ländern und auch ein wenig Abenteuerlust bewegten Martha Isaaks zu einer Indienreise ungefähr zu der Zeit, als Kapitän James Cook (1728-1779) mit einem Segelschiff seine Erdumsegelung durchführte (1768/71). Martha Isaaks malte in Indien eindrucksvolle Landschaften und Menschen und blieb am Ende dort, wo sie sich mit einem englischen Offizier vermählte.

Nach einer jahrhundertelangen Pause erscheint im anglo-jüdischen Künstlerzirkel Londons Lilly Delissa Joseph (1863-1940), die Schwester des bekannten Londoner Porträtisten Solomon I. Solomon. Sie brachte mit viel Gefühl und Talent englische Landschaft auf die Leinwand. Gegen Ende des 19. Jahrhunderts wirkte die jüdische Malerin Amalia Besso (1852-1929) in Italien, wo sie die liebliche Landschaft ihrer Heimat naturgetreu in ihren Bildern wiedergibt.

Um die Jahrhundertwende kam .es aus demselben Grund wie eh und je, nämlich wegen Antisemitismus zu einer starken jüdischen Einwanderung in die Vereinigten Staaten, die sich in den dreißiger Jahren durch die Machtübernahme der Nazis verstärkte und, hauptsächlich aus wirtschaftlichen Gründen, bis in die Gegenwart anhält. Die Schoáh verschonte jüdische Künstlerinnen nicht, und unzählige große Talente, manche kaum gereift, starben einen grausamen, frühen Tod.

Die Wiedergeburt des nationalen Bewusstseins in seiner Verflechtung mit den jahrtausendealten religiösen Aspirationen des jüdischen Volkes und dem ewigen Wunsch, nach Jerusalem und ins Land der Väter zurückzukehren, fanden nach dem Holocaust mit der Gründung des Staates Israel ihre Erfüllung. Viele Tausende Juden der Diaspora kamen heim und legten Hand an, um aus einer Steinwüste ein blühendes Staatswesen zu schaffen, unter ihnen auch viele Künstlerinnen und Künstler.

Das Kunstleben im Lande wuchs und erstarkte. Schon 1906 hatte Professor Boris Schatz die 'Bezalel' Kunst- und Gewerbe-Schule in Jerusalem gegründet, an der bekannte Maler wie Hirschenberg, Ephraim Moses Lilien u.a. wirkten. Leider hielt diese Schule den finanziellen Schwierigkeiten nicht stand, wurde nach einigen Jahren geschlossen, aber 1936 wiedereröffnet, und zwar als Kunstakademie mit dem Namen 'Neue Bezalel-Schule', die bis heute besteht.

Anfang dieses Jahrhunderts stellten jüdische Maler ihre Werke im Davidsturm der Jerusalemer Altstadt aus, wo sich heute das 'Museum der Stadt Jerusalem' befindet. 1920 wurde der jüdische Künstlerverband gegründet, der 1945 bereits mehr als 120 Mitglieder zählte, darunter viele Frauen. Die nach Erez Israel eingewanderten Künstlerinnen und Künstler mussten umlernen, das Ghetto hinter sich lassen, ihre Thematik und Ausdrucksformen der neuen Landschaft und helleren Farben anpassen. So ist aus der Verschmelzung europäischer Stile und Formen mit der Farbpalette und der prallen Sonne orientalischer Landschaft ein neuer, persönlicher israelischer Stil entstanden.

Zu seiner Gestaltung und Abgrenzung von anderen Kunstrichtungen haben die israelischen Künstlerinnen einen bedeutenden Beitrag geleistet. Sie entdeckten das Milieu, die Familie, die Straße, das Feld, vor allem aber das Kind, dem sie ihre ganze Mutterliebe zuwandten. Alt-neue Kunstformen wie Keramik, Mosaik, Acrylic-Malerei ebenso wie althergebrachte Ölmalerei und Aquarelle sind ein weites Betätigungsfeld der Malerinnen und Bildhauerinnen Israels, worin sie spezifisch weibliche Qualitäten ihrer Kunst – Wärme, Weichheit der Linien, Ineinanderfließen der Farben – lebensbejahend Ausdruck verleihen.

Im folgenden wird der Versuch unternommen, jüdische Künstlerinnen, weltbekannte, weniger bekannte oder der Anonymität und dem Vergessen entrissene, durch eine kurze Darstellung ihrer Lebensläufe einem Kreis von Kunstinteressierten näherzubringen, um damit die hervorragende Rolle jüdischer Frauen auch auf dem ihnen jahrhundertelang verwehrten Gebiet der bildenden Kunst ins rechte Licht zu rücken.

Jüdische Frauen in der bildenden Kunst II (2004)
Hedwig Brenner: Künstlerinnen ihre Identität wiedergeben

Danksagung

An dieser Stelle möchte ich allen meinen innigsten Dank aussprechen, die mir halfen, vertriebenen, ermordeten und vergessenen Künstlerinnen ihre Identität wiederzugeben und Informationen über ihr Schaffen den neuen und kommenden Generationen zu überliefern. Mein ganz besonderer Dank geht an Professor Erhard Roy Wiehn und seine Mitarbeiterinnen Jutta Obenland, Cornelia Künzel und Jacqueline Puci (Universität Konstanz), die mit Akribie und äußerster Geduld die vielen Biographien sorgfältig geprüft, korrigiert und ergänzt haben. Dank gebührt auch verschiedenen Kunsthistorikerinnen, die mir aus den Archiven einiger Akademien und Institute sowie aus Privatbesitz biographisches Material und Kopien der Werke zugänglich gemacht haben: Dr. Maike Bruhns (Hamburg), Dr. Rahel Feilchenfeldt (München),[*] Dr. Rosa von der Schulenburg (München), Dr. Beate Schmeichel-Falkenberg (Mössingen), Dr. Herta Hanus (Wien), Gisela Breitling (Berlin), Karin Schimmelpfennig (Tecklenburg), Dr. Friederike Weimar (Hamburg) und Hanna Bor-Nea vom Merkaz Meida Leomanut (Forschungszentrum des Israel Museum Jerusalem). Dank gebührt ferner dem Forschungszentrum des American National Museum of Women in the Arts; Washington, D.C.; dem Rheinischen Landesmuseum Bonn; dem August-Macke-Haus Bonn; Landesmuseum

---

[*] "Rahel Feilchenfeldt", in: Hedwig Brenner, Begegnungen mit Menschen und Städten. Konstanz 2015, S. 88.

Braunschweig; Kupferstichkabinett Berlin; Berlinische Galerie Berlin; Nationalgalerie Berlin; Kunstbibliothek Berlin; Galerie Bildfang, Berlin; Galerie Herold, Hamburg; H.J. Bunte, Hamburg; Österreichische Galerie Belvedere, Wien; Felix-Nussbaum-Haus Osnabrück; Föderation der Jüdischen Gemeinden Rumäniens, Bukarest, u.a. – Die Drucklegung dieses biographischen Verzeichnisses wurde durch die großzügige finanzielle Hilfe von Herrn Stef Wertheimer[*] möglich, Präsident des Industrieparks 'Tefen' in Galiläa/Israel. Die Autorin und der Herausgeber danken im Namen der Künstlerinnen dafür sehr herzlich. – Möge diese Sammlung auch ein Denkmal für die vielen namenlosen Malerinnen, Bildhauerinnen und Fotografinnen sein, deren Grab nach der "Todesfuge" Paul Celans "in den Lüften" liegt;[47] ein Nachschlagewerk mit längeren oder kürzeren Lebensläufen, entsprechend der gefundenen oder erhaltenen Daten und Informationen.

Haifa, im April 2004

Hedwig Brenner: Drei Generationen vergessener Künstlerinnen

Einführung

Die Geschichte hat ungerechterweise drei Generationen von Künstlerinnen abgeschrieben. Ihre Biographien gerieten in Vergessenheit, ihre Werke wurden zerstört, ihr Leben zum größten Teil vernichtet. Wo blieb die Erinnerung an sie? In Archiven und Kellern einzelner Museen, auf verstaubten Dachböden oder in Schuppen fanden Nachkriegskinder einzelne ihrer Werke. Der größte Teil war in Flammen aufgegangen, durch Zwangsversteigerung in die Hände von Leuten geraten, die meist nichts von Malerei verstanden oder den Wert eines Kunstwerks kaum erahnen konnten. Es sind drei Generationen vergessener Künstlerinnen:

---

[*] Dazu: "Stef Wertheimer und seine Träume" (S. 56 ff.) und "Hut ab vor Stef Wertheimer" (S. 162 ff.), in: Alice Schwarz-Gardos, Zeitzeugnisse aus Israel – Gesammelte Beiträge der Chefredakteurin der 'Israel Nachrichten'. Konstanz 2006, S. 56 ff.

[47] Marbacher Magazin (Sonderheft Paul Celan), 90/2000, S. 157.

1. die in der zweiten Hälfte des 19. Jahrhunderts geborenen und bereits zu Ruhm gekommenen Malerinnen, Bildhauerinnen, Fotografinnen;
2. diejenigen, die nach 1900 geboren wurden und sich bereits künstlerisch betätigten;
3. Studentinnen, die ihr Studium durch die Machtergreifung der Nationalsozialisten plötzlich abbrechen mussten.

Frauen als Künstlerinnen hatten es seit jeher schwer, sie konnten oft nur unter einem Pseudonym oder mit einem männlichen Namen ihre Werke zeichnen und ausstellen. Noch viel schwerer hatten es jüdische Künstlerinnen. Auch Frauen, die vor der Ehe oder Partnerschaft schon selbständig arbeiteten, malten, modellierten oder als Fotografinnen bereits einen Namen hatten, wurden nicht selten von künstlerisch tätigen Partnern herablassend behandelt und nicht als gleichberechtigte Partnerinnen angesehen. Sie mussten außer Hausarbeit und Kindererziehung auch Modell sitzen und sich "außerkünstlerisch" betätigen, um den Lebensunterhalt sichern zu helfen. Blieb da noch Zeit für künstlerische Schöpfungen?

Der bekannte Kunstkritiker Hans Hildebrandt, dessen Frau Lily Hildebrandt in den 1920er Jahren eine bekannte Malerin in Deutschland war, schrieb in seinem Buch 'Die Frau als Künstlerin' (1929): "Das schöpferische Wirken des Weibes kann sich, ohne eine einzige persönliche Leistung, zu höchster Bedeutung steigern, wenn die Frau all ihr schöpferisches Vermögen an die Kunst eines Mannes hingibt, den sie liebt. Die Frau als Anregerin, beglückt, im Schatten des Größeren sich mit der zweiten Rolle zu bescheiden, versteht sie es, seinen Gestaltungsdrang herbeizuschaffen, was er ersehnt, und zahllose Hemmnisse wegzuräumen. Sie lernt mit seinen Augen sehen, weckt in sich Vorstellungen seiner Einbildungskraft..."[48]

Viele der in dieser Sammlung dokumentierten Künstlerinnen stammten aus großbürgerlichen Familien, manche wurden getauft, besuchten Klosterschulen, wurden christlich erzogen und wussten wenig oder nichts über ihre jüdische Herkunft. Durch die Nürnberger Gesetze von 1935 wurden sie dann plötzlich mit der Realität konfrontiert, und ein

---

[48] Hier zit. Nach: Verein Das Verborgene Museum (Hg.), Lily Hildebrandt. Bearbeitet von Britta Kaiser-Schuster. Berlin 1997, S. 68.

großer Teil verließ Deutschland oder Österreich. Zögernde Optimistinnen wurden zu spät vom Gegenteil überzeugt und landeten trotz Taufschein in den Gaskammern der Vernichtungslager. Mit der nationalsozialistischen Machtergreifung wurden Karrieren plötzlich abgebrochen. Die jüdischen Künstlerinnen konnten nach 1933 nur noch kurze Zeit arbeiten, danach erhielten sie Arbeits- und Ausstellungsverbot. Sie malten, modellierten oder arbeiteten sonstwie für den Jüdischen Kulturbund und stellten dort ihre Werke aus. Fanden sich noch Käufer?

Viele Künstlerinnen gingen bereits 1933 in die Emigration nach Holland, Frankreich, England, Mitteleuropa, Palästina. Ehen und Partnerschaften gingen auseinander, z.B. Erna Pinner und Kasimir Edschmid (1890-1966): Er blieb in Deutschland, sie ging nach 20-jähriger Partnerschaft nach England. Diejenigen, die sich für eine Emigration zu alt fühlten, oder Optimistinnen. Die behaupteten, das Regime könne sich nicht lange halten, wurden später eines Besseren belehrt: Sie erkannten zu spät, dass das Hinauszögern der Flucht den Tod bedeutete. Deshalb haben sich nicht wenige nach Erhalt des Deportationsbefehls das Leben genommen.

In der Emigration hatten es bildende Künstlerinnen relativ leichter als Literatinnen. In Frankreich konnten viele den Anschluss an die Kunstszene schaffen, wurden in Künstlervereinigungen aufgenommen. Im Londoner Hampstead hat sich eine Künstlerkolonie deutsch-jüdischer Emigrantinnen und Emigranten gebildet. Man gab ihnen die Möglichkeit, ihre Werke auszustellen, und das Ehepaar Hamman eröffnete sogar eine Kunstschule. Viele Künstlerinnen mussten auf das Kunstgewerbe zurückgreifen: Sie fertigten Puppen und wanderten mit Marionettentheatern durch England, produzierten aus Leder- und Pelzresten Knöpfe und Spangen, womit sie ihre Existenz zu sichern versuchten. Keramikerinnen gingen in den Norden Englands und gründeten Keramikwerkstätten. Nach Holland geflüchtete Fotografinnen eröffneten Ateliers und konnten bis zum Beginn des Krieges mehr oder weniger erfolgreich arbeiten. Nach der Besetzung Hollands durch die deutsche Wehrmacht gingen viele in den Widerstand, tauchten mit gefälschten Papieren unter, manche wurden bei Razzien verhaftet und deportiert, andere flüchteten weiter nach England, Mittel und Südamerika und in die USA. Die emigrierten Künstler wurden fast überall in

Kunstvereine aufgenommen, ihre Kunst wurde geschätzt, in die der Gastländer integriert und haben diese bereichert. Doch Emigration war überall schwer, damals wie heute.

Die in den 1910er oder Anfang der 1920er Jahre geborenen Kunststudentinnen mit nicht abgeschlossenem Studium konnten vielfach an den Universitäten der Gastländer ihr Studium beenden, wenn auch teils in Abendkursen, denn tagsüber mussten die meisten arbeiten. Diese Emigrantinnen haben ihre Zukunft meistern können, wurden bekannt, teils sogar berühmt. Nicht wenige lehrten an amerikanischen Universitäten, Colleges und sonstigen Institutionen.

Nur wenige Künstlerinnen kehrten aus dem Exil nach Europa zurück, fanden selten Anschluss an die neue Kunstszene, und die wenigsten besaßen die nötige Kraft, die 10-15 Jahre unterbrochene Karriere wieder aufzunehmen. Sie waren bereits vergessen. Übrigens war man auch nicht immer gewillt, die "arisierten" Häuser, Ateliers und Werke zurückzugeben. Viele Künstlerinnen starben in seelischer Vereinsamung.

Die in Palästina eingewanderten Künstlerinnen mussten sich eine neue Existenz schaffen, konnten sich kein Kunststudium im damaligen britischen Mandatsland leisten. Bei vielen konnte ihr Talent erst im Rentenalter zum Durchbruch kommen: Sie studierten an Universitäten, an Kunst-Instituten, in Privatunterricht. Das in Deutschland begonnen und dann unterbrochene Studium hat bei vielen Künstlerinnen den alten Stil des Bauhauses wieder in Erinnerung gebracht, vermischt mit neuen Strömungen und mediterranem Licht. So entstand israelischer Malstil.

Wie hatten sich der Holocaust und die Erlebnisse der Kriegsjahre auf die Werke der Künstlerinnen ausgewirkt? Viele der in die Emigration gegangenen Künstlerinnen haben ihre Erlebnisse mit der Begründung bewusst verdrängt, der Holocaust sei zu ungeheuerlich, als dass man ihn bildlich darstellen könne. Sie konnten das Erlebte durch ihre Kunst nicht verarbeiten, wiedererleben und wiedergeben. Andere haben schon gleich nach der Befreiung aus den Todeslagern nach mitgebrachten Skizzen Ölbilder geschaffen, Porträts von Häftlingen, Szenen der Demütigung, Erschießungen, Bilder aus dem Lagerleben, vom täglichen Kampf ums Dasein. Die Aquarelle Teofila Reich-Ranickis aus dem Warschauer Ghetto, die Lagerszenen Ella Lieberman-Schiebers und vieles andere sind Augenblicksaufnahmen der Augen und Seelen, überzeugend auf Leinwand oder Papier gebracht.

Wie hatte sich der Holocaust durch die Erlebnisse der Eltern auf die nächste Generation der im Exil geborenen und mit den Erzählungen der Eltern aufgewachsenen jungen Künstlerinnen ausgewirkt? Die Kinder der Überlebenden des Holocaust, der Widerstandskämpfer, der Emigrierten, der Vertriebenen, sind mit den Erzählungen über das Leben vor der Machtübernahme der Nationalsozialisten, vom Überleben in Lagern oder Verstecken und der ersten Zeit des Exils aufgewachsen. Diese Erinnerungen wurden aufbewahrt und oft erst nach Jahren in literarischen Werken, Bildern, Skulpturen, Installationen verarbeitet wiedergegeben. So entstanden im Laufe der Nachkriegszeit Kunstwerke, die in vielen Museen und an öffentlichen Orten ihren ständigen Platz gefunden haben. Die Kinder der Holocaust-Überlebenden, heute oft bekannte und angesehene Künstlerinnen und Künstler, unternahmen und unternehmen Reisen in die alte Heimat ihrer Eltern, um selbst die Stätten der Erinnerung zu besuchen, zu sehen, zu fotografieren, zu beschreiben oder sonstwie zu verarbeiten.

"'Postmemory' ist eine kraftvolle Erinnerungsformel, gerade weil ihre Verbindung zu ihrem Objekt oder Ursprung nicht der Erinnerung, sondern eines schöpferischen Einsatzes bedarf. Damit soll nicht gesagt werden, Erinnerung sei unvermittelt, aber sie ist direkter mit der Vergangenheit verbunden. 'Postmemory, charakterisiert die Erfahrungen derer, die mit Erzählungen von Geschehnissen aufgewachsen sind, die ihrer Geburt vorausgingen, deren eigene spätere Geschichten durch die Geschichten der Elterngeneration überlagert wurden, überschattet von traumatischen Ereignissen, die weder in Gänze verstanden noch nachempfunden werden können", argumentiert Marianne Hirsch-Spitzer',[49] die den Begriff "postmemory" für Kinder von Holocaust-Überlebenden geprägt hat.

Viele der in der folgenden Sammlung präsentierten Biographien erscheinen wie kleine Romane. Manche Künstlerinnen waren bereit, in Interviews Einzelheiten ihres abenteuerlichen Lebens mitzuteilen, von der Flucht nach China, Südafrika, Argentinien oder in nordische

---

[49] Professorin für vergleichende Literaturwissenschaft und Holocaustforscherin am Dartmouth-College in Hanover, New Hampshire/USA.

Länder, vom Leben im Warschauer Ghetto, in Auschwitz und Birkenau, vom Überleben in Verstecken oder als Widerstandskämpferinnen.

Ich selbst bin weder Kunsthistorikerin noch Biographin. Ich habe sowohl den ersten Band 'Jüdische Frauen in der bildenden Kunst' (Konstanz 1998) wie auch den vorliegenden Band verfasst, indem ich einem inneren Drang folgte. Ich habe Material aus Archiven, Museen und von Privatpersonen erhalten, in Lexika, Zeitschriften, Ausstellungs- und Kunstkatalogen Lebensdaten gefunden und in Biographien verwandelt. "Le kol isch jesch schem" steht über dem Eingang zur Holocaust-Gedenkstätte Yad Vashem in Jerusalem: "Jeder Mensch hat einen Namen." In der folgenden Sammlung wird der Versuch unternommen, den exilierten, vergessenen, verschwundenen, ermordeten jüdischen Künstlerinnen ihre verlorene Identität wiederzugeben, ihre Namen der Vergessenheit zu entreißen, um den kommenden Generationen zu zeigen, was in Europa durch Menschenhass und Menschenhand zerstört wurde.

Dank einer Gruppe von Kunsthistorikerinnen und Kunsthistorikern in Hamburg, Bremen, Frankfurt, Berlin, in letzter Zeit auch in Österreich und Israel, werden in verschiedenen Archiven, Museen und Kunstvereinen Forschungen angestellt und Materialien gesammelt. So hat sich "Kunst im Exil" – von Dr. Beate Schmeichel-Falkenberg, Prof. Dr. Rosa von der Schulenburg, Dr. Maike Bruhns und anderen ins Leben gerufen – zur Aufgabe gemacht, durch Tagungen und Bücher das Leben und Werk vertriebener Künstlerinnen zu dokumentieren.[50] In Berlin wurde durch die Neue Gesellschaft für Bildende Kunst "Das Verborgene Museum" gegründet – eines der Gründungs-mitglieder ist die Künstlerin Gisela Breitling –, es gibt das Frauen-museum in Bonn und – last not least – The National American Museum 01' Women. Alle versuchen nach jahrhundertelanger Verdrängung, Künstlerinnen den ihnen gebührenden Platz in der Kunstgeschichte zu sichern.[*]

---

[50] Ursula Hudson-Wiedenmann u. Beate Schmeichel-Falkenberg (Hg.), Bildende Künstlerinnen und Kunsthistorikerinnen im Exil. Beiträge der X. Tagung der Reihe 'Frauen im Exil'. Staatliche Galerie Moritzburg, Halle 27.-29. Oktober 2000 (in Vorbereitung 2004). - Vielleicht ist folgende Publikation daraus geworden: Grenzen überschreiten. Frauen, Kunst und Exil. (2005)

[*] Siehe dazu Christina Haberlik u. Ira Diana Mazzoni, 50 Klassiker: Künstlerinnen, Malerinnen, Bildhauerinnen und Photographinnen. (2002) Hildesheim 2003.

Erhard Roy Wieln: Eine Hommage an jüdische Frauen in der bildenden Kunst

"Alle kunstverständigen Frauen spannen mit eigenen Händen und brachten das Gesponnene, blauen und roten Purpur, Karmesin und Byssus. Und alle Frauen, die ihr Herz in Kunstverstand bewegten, spannen die Ziegenvliese." (2 Mose 35,25-26)[51] Jüdische Frauen in der bildenden Kunst sind seit frühen biblischen Zeiten und durch die Jahrtausende bezeugt, wie die bedeutende und unvergessene jüdische Theologin Prof. Dr. Pninà Navè Levinson (1921-1998) hervorhebt:[52] "In der Kunst wirken Jüdinnen seit biblischer Zeit in orientalischen und westlichen Ländern in Kunsthandwerk, Dichtung, Gesang und Tanz."[53] Mit der Emanzipation im 19. Jahrhundert, seit der Zeit der Berliner und Wiener Salons, war für Frauen die Möglichkeit weiterer Betätigung in der Kunst gegeben, vor allem in Theater und Oper, in der Literatur und der Förderung anderer Künste, der Musik, der Malerei und der Bildhauerei[54].

"Kein Geringerer als Martin Buber habe auf dem 5. Zionistenkongress in Basel 1901 leidenschaftlich für "die Erfrischung der jüdischen Seele an der Quelle der Kunst" appelliert, so Susanne Klingenstein: "Zu lange hätten die Juden (Martin Buber zufolge, ERW) im Exil eine einseitige Spiritualität gepflegt, die sie für die Schönheit der Natur und des Lebens habe erblinden lassen ... Nur wenn es Kunst und Ästhetik erlaubt werde, sich im jüdischen Alltagsleben zu etablieren, könne es zu einer jüdischen Erneuerung kommen." Diese Idee war wohl typisch für Martin Buber und seine Zeit, dürfte jedoch nur von wenigen geteilt worden sein."[55] Im übrigen erinnert Susanne Klingen-

---

[51] Hier zitiert nach Pnina Navè Levinson in Hedwig Brenner, Jüdische Frauen in der bildenden Kunst. Konstanz 1998, S. 220.

[52] Pnina Navè Levinson, "Die Förderung und Rezeption jüdischer Kunst", in: Hedwig Brenner, Jüdische Frauen in der bildenden Kunst. Konstanz 1998, S. 219-221.

[53] Siehe Iulia Deleanu, Leben für andere - Jüdische Porträts aus Rumänien. Konstanz 2004.

[54] Pnina Nave Levinson, "Die Frau im Judentum." In: Julius Schoeps (Hg.), Neues Lexikon des Judentums. Gütersloh 2000, S. 269.

[55] Siehe dazu Ralf Hanselle, "Die Party ist vorbei. Junge israelische Künstler dekonstruieren ihr nationales Selbstverständnis" (Zur Ausstellung "Wonder-

stein dankenswerterweise zurecht an die Ausstellungen jüdischer Künstler 1906 in London und 1907 in Berlin. Dort wie hier bleibt die Frage ausgeklammert, ob und in welchem Sinne es überhaupt so etwas wie jüdische Kunst gibt.[56] Jüdische Kunst – "Ihre Geschichte, entsprechend d. politischen, uneinheitlich u. nicht als Gesamtablauf darstellbar", heißt es im bekannten 'Philo-Lexikon – Handbuch des jüdischen Wissens' von 1932: "Es führt keine Brücke von d. geringen Resten d. Altertums zum MA (Mittelalter, ERW) u. von dort zur Neuzeit. Allenfalls lassen sich auf Teilgebieten u. zeitl. Teilstrecken kontinuierliche Entwicklungen nachweisen..."[57]

Das jüdische Verhältnis zur Kunst war und ist ziemlich einmalig seit den Anfängen und sogar bis heute noch stark geprägt von dem außerordentlich strikten Bilderverbot. in der hebräischen Bibel gleich zweimal scharf formuliert: "Du sollst dir kein Bildnis machen und keinerlei Gestalt dessen, was im Himmel oben und was auf der Erde unten und was im Wasser unter der Erde ist. – Du sollst dich vor ihnen nicht niederwerfen und ihnen nicht dienen, denn ich, der Ewige, dein Gott, bin ein eifernder Gott... " (2 Mose 20,4-5 u. 5 Mose 5,8-9). Hier geht es in erster Linie um das strenge Verbot, Gottesbilder herzustellen, und zwar in entschiedenem Gegensatz vor allem zur ägyptischen Kultur: "Damit der lebendige Gott inmitten seines Volkes wohnen kann, müssen die Bilder verschwinden," so der Ägyptologe Jan Assmann: "Der lebendige Gott duldet keine Repräsentation in toter Materie."[58]

---

years. Uber die Rolle der Schoah und des Nationalsozialismus in der heutigen israelischen Gesellschaft." Neue Gesellschaft für Bildende Kunst, Berlin 2003: www.ngbk.de.in: Aufbau (NewYork).Nr. 9, 1.5. 2003, S. 15.

[56] Susanne Klingenstein, "Lichtblicke bei Liebermann und Pissarro. Ästhetisch assimiliert: Das Jüdische Museum in New York fragt nicht ganz schlüssig nach jüdischem Kunstcharakter", in Frankfurter Allgemeine Zeitung, Nr. 29, 04.02. 2002, S. 44; Catherine M. Soussloff, Jewish Identity in Modem Art History. University of Califomia Press 1999; Gabrielle Sed-Raja, "Zum Begriff der jüdischen Kunst", in: Gabrielle Sed-Raja et al. , Die jüdische Kunst. Freiburg 1997, S. 10-14.

[57] Seite 405, Nachdruck, Jüdischer Verlag im Athenäum Verlag, Königstein/ Taunus 1982.

[58] Jan Assmann, Herrschaft und Heil - Politische Theologie in Altägypten. Israel und Europa. München 2000, S. 260; Jan Assmann, Moses der Ägypter – Entzifferung einer Gedächtnisspur. (1997) Frankfurt 2003, S. 253.

Zweifellos geht es aber auch um ein Verbot von Menschenbilden, wenn es heißt: "Dass ihr nicht ausartet und euch ein Bildnis macht, ..., die Form eines Mannes oder Weibes ..." (5 Mose 4,16-17). Diese Wiesungen dienen der Absicherung des strikten Monotheismus, der radikalen Absonderung von Ägypten und anderen Nachbarvölkern, die polytheistische Religionen pflegten. Besonders heftig werden Skulpturen verdammt, wie am "Goldenen Kalb" ersichtlich, woran sich zeigt, wie stark Ägypten nachwirkt, denn "Das Goldene Kalb ist ein ägyptisches Bild: das Bild des Apis-Stiers."[59]

Jan Assmann zufolge bedeutete das Bilderverbot für Sigmund Freud übrigens den Durchbruch in eine neue Welt: "Die Verwerfung der Bilder, und nur sie, erschloss den Zugang in das Reich des Geistes." Und "Das 'mosaische Verbot' konstruiert einen archimedischen Punkt, von dem aus die Bildreligion als Illusion entlarvt werden kann..."[60] Kunst gab und gibt es aber auch ohne Bilder, und Israel Ben Yosef bemerkt zurecht, dass es keine Zeit ohne jüdisches Kunstschaffen gegeben habe, in der Thora selbst werden sogar Anweisungen erteilt, z.B. für die Ausschmückung des Tempels. Nachdem schließlich der Monotheismus gefestigt und der Polytheismus nurmehr Geschichte war, hat sich das Bilderverbot nach und nach gelockert.[61]

Nicht zuletzt ist hier jedoch daran zu erinnern, dass nach der biblischen Überlieferung ein Bild bzw. Abbild gewissermaßen nur einmal geschaffen wurde, nämlich vom Schöpfer-Gott selbst, der sich damit zugleich eine Art schöpferisches Monopol geschaffen hat: "Gott sprach: Machen wir den Menschen in unserem Bild nach unserem Gleichnis. (...) Gott schuf den Menschen in seinem Bilde, im Bilde Gottes schuf er ihn, männlich, weiblich schuf er sie... Gott sah alles, was er gemacht hatte, und da, es war sehr gut." (1 Mose 1,26-27 u. 31, aus dem Hebräischen von Martin Buber) Vielleicht steckt noch heute in jeder Freunde über ein schöpferisches Kunstwerk ein Funke der Schöpferfreude des Schöpfers.

---

[59] Jan Assmann, Moses der Ägypter. (1997) Frankfurt 2003, S. 269; Jan Assmann, Herrschaft und Heil. München 2000, S. 259.

[60] Jan Assmann. Die Mosaische Unterscheidung. München 2003, S. 135 u. 142.

[61] Israel Aharon Ben Yosef, Lebendiges Judentum II. Konstanz 1999, S. 54 f.

Dass jüdische Künstlerinnen und Künstlerinnen jüdischer Herkunft es wohl zumindest nicht leichter hatten als andere,[62] mag auch daran deutlich werden, dass Hedwig Brenner im Jahre 1998 mit ihrem ersten Band 'Jüdische Frauen in der bildenden Kunst' überhaupt erstmals ein derartiges biographisches Verzeichnis mit 199 Frauen jüdischer Herkunft präsentieren konnte. Nach unermüdlicher weiterer Pionierarbeit legt Hedwig Brenner hiermit nun den zweiten Band vor, worin 428 Biographien gesammelt sind. Dabei handelt es sich teils um sehr bekannte Namen, teils um gekannte, teils auch um ganz unbekannte oder längst vergessene Namen. Auffallend ist hier, wie viele Künstlerinnen in der NS-Zeit gelitten haben und wie erschreckend viele ermordet wurden. Für alle, denen nicht einmal ein Grab vergönnt war, mag dieses Buch eine Art 'Kaddisch' sein (so heißt das jüdische Toten-gebet). – Der Begriff "Kunst" ist hier übrigens durchaus weit gefasst, denn bei weitem nicht alle hier versammelten Frauen sind professionelle Künstlerinnen. Alle sind jüdischer Herkunft, aber nicht alle sind bewusste oder gar observante Jüdinnen. Viele hatten allerdings das gleiche Schicksal, als Jüdinnen im nationalsozialistischen Deutschland wie im ganzen deutschbesetzten und deutschbeherrschten Europa verfolgt gewesen zu sein, und nicht wenige wurden in Konzentrations- und Vernichtungslagern ermordet.

Hedwig Brenner hatte uns im Juni 2001 die erste Version dieses zweiten Bandes *Jüdische Frauen in der bildenden Kunst* übersandt und nach unserer ersten Lektorierung und zeitintensiven Bearbeitung nochmals beträchtlich erweitert, was zu einem weiteren, sehr aufwendigen Arbeitsgang führte. Dieser bestand nämlich nicht nur darin, zahlreiche Ergänzungen in den Text einzuarbeiten, sondern auch alle im Internet auffindbaren Namen und Biographien mit den uns vorliegenden zu vergleichen, entsprechend zu verifizieren, und, wo nötig, nochmals zu ergänzen oder zu korrigieren. Diese außerordentlich zeitraubende Arbeit hat Jutta Obenland noch als Mitarbeiterin meines Arbeitsbereichs begonnen, weitergeführt und zu Ende gebracht, als sie schon längst ausgeschieden war. Ohne ihre ebenso engagierte wie

---

[62] Siehe Marianne Wallach-Faller, "Die jüdische feministische Theologie auf der Suche nach einem weiblichen Gottesbild: Weibliche Aspekte Gottes im Buche Bahir", in: Julius H. Schoeps (Hg.), Aus zweier Zeugen Mund – Festschrift für Pnina Navè Levinson und Nathan Peter Levinson. Gerlingen 1992, S. 236-245.

selbstlose Arbeit wäre die vorliegende Sammlung nicht nur nicht so ausgefallen, wie sie ist, sondern höchstwahrscheinlich gar nicht zu machen gewesen. Jutta Obenland hatte schließlich auch die ausgezeichnete Idee einer eigenen Homepage zu diesem Buch und hat diese dann auch selbst erstellt:

http://www.uni-konstanz.de/judaica/kuenstlerinnen

Sicherlich hätten wir noch viele Daten, Fakten und Namen prüfen und recherchieren können oder gar müssen, sogar weitere Künstlerinnen finden können wie etwa die Fotografin Erika Stone (Hinweis des Germanisten und Fotografen Dr. Hans Schlemper, Süddeutsche Zeitung, Nr. 54, 060.3.2004, S. 20) oder die israelische Künstlerin Sigalit Landau (die Iris Berben im 1. Teil ihres exzellenten TV-Films "Und jetzt, Israel?" interviewt; ZDF, 09.04.2004, 19.30 Uhr), wenn, ja wenn wir die Zeit dazu gehabt hätten oder wenigstens weitere, vielleicht freiwillige Mitarbeiterinnen oder Mitarbeiter. Auch eine gewisse Unausgewogenheit in Umfang und Differenziertheit der Biographien müssen wir daher inkauf nehmen: Manche Künstlerinnen-Porträts erscheinen möglicherweise relativ zu lang, andere hingegen zu kurz. Dem gesamten Text hätte wohl auch eine kunstwissenschaftliche Fachlektorierung am Ende nicht geschadet. Aber es soll ja auch noch etwas Arbeit für diejenigen bleiben, die vielleicht einmal eine 2. Auflage beider Bände 'Jüdische Frauen in der bildenden Kunst' redigieren werden. Als besondere Bereicherung der Sammlung 'Jüdische Frauen in der bildenden Kunst II' mag sich hoffentlich die beigefügte CD mit mehr als 1.500 Bildern erweisen, übrigens auch mit Werken von Künstlerinnen, die im ersten Band 'Jüdische Frauen in den bildenden Kunst' von 1998 gewürdigt worden waren, als uns diese CD-Technik noch nicht zur Verfügung stand.

    Sehr herzlich zu danken ist einmal mehr also Jutta Obenland für ihr ganz außergewöhnliches Engagement einschließlich ihres Nachworts "Spurensuche", Heide Fehringer für erste PC-Arbeiten, Cornelia Künzel für Korrekturlesen und weitere PC-Arbeiten sowie Jacqueline Puci für weiteres und letztes Korrekturlesen und letzte PC-Assistenz, Candido Pascual als hochprofessioneller Nothelfer bei Druckerproblemen (alle Universität Konstanz), Dr. Maria Goudsblom-Oestreicher (Amsterdam) für ihre freundschaftliche Hilfe bei den Biographien von Lisbeth und Maria Oestreicher (Maria Austria, S. 254/255), Mirjam Wiehn für ihre Beratung bei der Bilderauswahl, Dipl. Ing. Paul Brenner (Haifa) für das Scannen der Bilder, last not least natürlich Hedwig Brenner (Haifa) für ihre Idee und jahrelange Pionierarbeit zu diesem Buch. – Auch im Hinblick auf diese Hommage für jüdische Künstlerinnen gilt schließlich unser altes Motto: Was aufgeschrieben, veröffentlicht und in einigen Bibliotheken der Welt aufgehoben ist, wird vielleicht nicht so schnell wieder vergessen.

Jüdische Frauen in der bildenden Kunst III(2007)

Hedwig Brenner: Danksagung

Diesen vorliegenden Band wie auch die beiden ersten Bände habe ich keinesfalls alleine zustande gebracht, und es wäre anmaßend, so etwas zu behaupten...

Mein ganz spezieller Dank geht an Professor Dr. Drs. h.c. Erhard Roy Wiehn, der aus meinen drei Manuskripten (der 1. Band erschien 1998, der 2. Band 2004) ein unkonventionelles kleines Lexikon machte.

Es handelt sich um ein unkonventionelles dreibändiges Lexikon, da es nicht wie andere Kunstlexika zumeist nur Lebensdaten, Studien und Ausstellungen bringt, sondern vielfach auch Einzelheiten aus dem Leben der Künstlerinnen, die sie mir teils in Interviews, teils brieflich anvertrauten, die ich aber auch durch Freundinnen und Freunde erhalten habe oder im Internet finden konnte. Meiner Meinung nach kann man ein Kunstwerk eher verstehen, wenn man die Lebensbedingungen und Lebenserfahrungen der Künstlerinnen kennt.

Mein herzlicher Dank gilt auch Jutta Obenland, die die Erstlektorierung des vorliegenden dritten Bandes übernahm, die beiden ersten Bände ins Internet stellte und dort entsprechend "verlinkte".

Im übrigen möchte ich mich bei allen herzlich bedanken, die mir den Zugang zu Archiven, Katalogen, Museen und Galerien ermöglichten, biographisches Material und Kopien der Werke verschollener sowie der "Post-Memory-Künstlerinnen" haben zukommen lassen: Dr. Karla Bilang (Berlin), Mag. Sabine Krusen (Berlin), Christel Wollmann-Fiedler (Berlin), Professor Dr. Marianne Hirsch (New York), Das Verborgene Museum Berlin, das Jüdische Museum Wien, das

Kupferstichkabinett Dresden, das Berlin Museum, American National Museum of Women in the Arts Washington, D.C., Merkaz Leida Leomanút (Forschungszentrum des Israel Museums Jerusalem), Dr. Pnina Rosenberg, Beit Lohamei Hagetaót (Ghetto Fighters House Museum, Israel), Tel Aviv Museum of Art Museum (Ahuva Israel) u.v.a.

Mein besonderer Dank gilt den Sponsoren: dem Weltverband der Bukowiner Juden, Lotte Gottfried-Hirsch (New York) und anderen Freundinnen und Freunde, die nicht genannt werden wollen, ohne deren großherzige Hilfe dieses Buch wohl nicht hätte erscheinen können. – Haifa, im Juni 2007

Hedwig Brenner: Betrachtungen über Kunst

Kunst ist ein Wort, das in fast jeder Sprache seinen unverrückbaren Platz gefunden hat, wahrscheinlich auch in der Sprache der Menschen, die so wunderbare Zeichnungen auf die Höhlenwände malten. Wir bewundern die Vollkommenheit der griechischen und römischen Skulpturen, die Kunst des Mittelalters, die Kunst der Renaissance mit den großen Meistern der Malerei, die niederländische Kunst... Ja, wir bewundern!

Heute hat das Wort "Kunst" eine breitgefächertere Palette von Bedeutungen. Die moderne Kunst ist toleranter geworden. Sie gestattet den Künstlern, ihre Gedanken, Gefühle, Befürchtungen, Erinnerungen, Lebensbedingungen, Eindrücke nicht nur einer Leinwand anzuvertrauen oder in einer Skulptur darzustellen, nicht nur in einer bunten Collage oder einer raumfüllenden Installation darzubieten, die Künstler enthüllen ihr Inneres auch in der Fotografie, in der Graphik, im Design, in der Keramik. Früher malten die Künstler bisweilen, was sie sahen, frei nach der Natur, und man bewundert ihre Landschaften, Blumenarrangements, Genrebilder, Porträts und die Vollkommenheit der Darstellung menschlichen Körper. Heute schaffen Künstler Werke, die man nicht immer versteht. Oft bedarf es einer Erklärung, einer Erläuterung, eines Textes. Tempora mutantur et nos mutamur in illis.

Einer der größten Künste ist bis jetzt noch unerwähnt geblieben - die Kunst des Überlebens: Wie viele Talente im Zweiten Weltkrieg bzw. im Holocaust der Menschheit verlorengegangen sind, weiß niemand. Einige Künstlerinnen und Künstler haben die Vernichtungslager nur dank ihres Talentes überlebt.

Im ersten Band meines *'Jüdische Frauen in der bildenden Kunst'* schrieb ich über die Künstlerin Dinah Gottliebova.[63] Ich erhielt ihre und andere Biographien tschechisch-jüdischer Künstlerinnen dank der Liebenswürdigkeit der Kuratorin des Jüdischen Museums Prag. Das war in den achtziger Jahren des 20. Jahrhunderts. Diese Malerin wurde 1942 aus Prag in ein Lager deportiert, von dort 1943 nach Auschwitz. Sie wurde während ihres verbotenen Zeichnens von Dr. Mengele überrascht, zwar nicht bestraft, musste dann aber Zigeuner porträtieren, die danach vergast wurden. Sie und ihre Mutter überlebten die Lager und emigrierten nach dem Krieg in die USA. Soweit die Biographie. Vor einigen Tagen erhielt ich einen Zeitungsausschnitt aus der "New York Times" (The Arts, 30. August 2006) über das weitere Leben und die Erfolge der Malerin Dinah Gottliebova-Babbitt. Die Porträts, die sie damals malte, wurden gerettet und befinden sich im Museum Auschwitz; Laut New York Times will die Direktion der Künstlerin die Bilder nicht zurückgeben, die ja ihr Eigentum sind. Die Absenderin dieser Nachricht ist die Malerin Rosalind Faiman Weinberg aus Urbana, Illinois (USA), deren Biographie in *'Jüdischen Frauen in der bildenden Kunst II'* erschien und die sich an Dinahs Namen erinnert hatte.[64]

Es ist interessant, über ein fremdes Leben, über fremde Erfahrungen, Erlebnisse, Freuden und Leiden zu lesen, aber noch viel spannender ist es, wenn Künstlerinnen in Interviews selbst berichten. Dank dieser Neugier habe ich vor 20 Jahren meine Nachforschungen angefangen und versucht, diese über 1.000 Künstlerinnen auf einen gemeinsamen Nenner zu bringen. Es ist nicht nur jüdische Kunst, die diese Künstlerinnen schaffen, es ist Kunst schlechthin, den verschiedenen Stilen und Strömungen der Länder unterworfen, in denen sie leben und arbeiten.

Im vorliegenden Band habe ich rund 400 Künstlerinnen versammelt. Es sind nicht nur verschwundene, vergaste, exilierte, gerettete Künstlerinnen darunter, es sind auch Widerstandskämpferinnen, deren Namen und Werke 60 Jahre nach ihrem Verschwinden oder Über-

---

[63] Hedwig Brenner, Jüdische Frauen in der bildenden Kunst. Konstanz 1998, S. 79.

[64] Hedwig Brenner, Jüdische Frauen in den bildenden Kunst II. Konstanz 2004, S. 113.

leben hie und da in Archiven, im Internet oder dank persönlicher Kontakte auftauchten. Es sind überdies Künstlerinnen aus der zweiten und sogar dritten Generation der Überlebenden des Holocaust, welche die Erlebnisse der Eltern oder Großeltern nach deren Erzählungen verarbeiten. Ich habe den Eindruck, dass in den USA viel mehr über den Holocaust gesprochen und veröffentlicht wird als in Europa und Israel. Es ist diese "Post-Memory-Kunst", die man in Ausstellungen, Galerien und Museen darbietet, über die man Vorträge hält und in Kunstzeitschriften schreibt.

Ich will hoffen, dass dieser Band zusammen mit den beiden früheren Bänden ein Ansporn für die jüngere Generation von Kunsthistorikerinnen und Kunsthistorikern sein wird, meine Arbeit fortzusetzen, um die Lücken der noch fehlenden und vergessenen Künstlerinnen auszufüllen. – Haifa, im Juni 2007

Marianne Hirsch:[65] Generationen der jüdischen Kunst

Dies nun ist der dritte Band, in dem Hedwig Brenner Biographien jüdischer Künstlerinnen sammelt. Die drei Bände besprechen nun über 1.000 Künstlerinnen aus mehreren Generationen. Was verbindet sie? Ihr Judentum? Ihr Geschlecht? Ihr Schicksal? Die meisten haben doch im 20. Jahrhundert gearbeitet und die verschiedene Bewegungen der Moderne und Postmoderne mitgemacht. Viele, aber nicht alle, sind vom Zweiten Weltkrieg und der Schoáh berührt worden; viele, auch in diesem dritten Band, sind in den KZs umgekommen. Etliche gehören aber der zweiten und auch der dritten Generation an, und doch sind sie von der Schoáh geprägt.

Judith Tucker zum Beispiel, die Enkelin deutscher Flüchtlinge und Überlebender, malt in England Bilder, welche die Badestühle an der Nordsee darstellen, auf denen ihre Großmutter mit ihrer Mutter als Kind die Ferien verbrachte. Diese Stühle, die Judith Tucker nur von einem Foto kennt, enthalten die Vorgeschichte der Verfolgung die sie durch ihre Arbeit wiederfinden möchte, aber nicht kann. – Älter, aber doch weiter von der europäischen Judenverfolgung entfernt, ist die amerikanische Fotografin Lorie Novak, die in den fünfziger Jahren in Kalifornien aufwuchs. Als Jüdin fühlt sie aber trotzdem die Verant-

---

[65] Professorin Dr. Marianne Hirsch, Columbia University, New York.

wortung, die Schatten ihrer Kindheit darzustellen – die Erinnerung an den Holocaust, die Kämpfe amerikanischer Minoritäten für Bürgerrechte, den Vietnamkrieg. Novaks Fotografien sind Projektionen von Familienfotos und öffentlichen Bildern, die den historischen Kontext zeigen, in dem das Familienleben stattfand. – Ganz weit entfernt ist eine andere amerikanische Künstlerin, Adriane Little. Sie ist serbisch-orthodox im Mittelwesten Amerikas aufgewachsen, hat aber als Erwachsene von einer Tante erfahren, dass ihre Familie jüdisch ist. Seither bemüht sie sich in ihren Videos und Installationen, etwas über das Judentum und über ihre Familiengeschichte zu lernen und diese zu verstehen.

Dies sind nur drei von rund 400 Künstlerinnen dieses Bandes. Wir finden bei ihnen keine feste jüdische Identität, keine klare jüdische Thematik und bestimmt auch keinen "jüdischen Stil". Trotzdem wollen alle drei ihre eigene und ihre gesellschaftliche Identität als Juden und auch als jüdische Künstlerinnen verstehen. Für alle drei ist die Kunst auch Forschungs- und Trauerarbeit, die nicht die eigene Erinnerung, sondern die Nacherinnerung (postmemory), zu verarbeiten versucht. In dem wir sie in diesem Band neben Künstlerinnen finden, welche die Schoáh selbst erlebt haben, finden wir auch einen wichtigen Dialog zwischen den Generationen. Auch dies hat Hedwig Brenner mit ihren Büchern erreicht, und wir müssen ihr für diese eindrucksvolle Leistung dankbar sein. – New York, im April 2007

Erhard Roy Wiehn: Ein unkonventionelles Kunstlexikon

Der hier vorliegende Band *'Jüdische Frauen in der bildenden Kunst III – Ein biographisches Verzeichnis'* umfasst 398 Künstlerinnen (zuzüglich 7 Fuß- und Mundmalerinnen, zusammen 405), davon sind 48 noch im 19. Jahrhundert geboren, 22 in den Jahren 1900-1909, 40 in den zehner, 51 in den zwanziger, 42 in den dreißiger Jahren, 68 in den vierziger, 33 in den fünfziger Jahren und 15 in den sechziger Jahren des 20. Jahrhunderts. – Fast 200 dieser Frauen sind also vor dem Zweiten Weltkrieg geboren, ca. 30 während des Zweiten Weltkriegs und ca. 95 erst danach. Am stärksten ist hier der Jahrgang 1948 mit 12 Frauen vertreten. 1725 und 1822 sind die ältesten Jahrgänge, 1982 und 1979 die jüngsten. Bei diesen Daten ist jedoch zu bedenken, dass für 73 Frauen kein Geburtsdatum auffindbar war.

127 Künstlerinnen des vorliegenden Verzeichnisses leben oder lebten in den USA, 124 in Israel, 30 in Frankreich, 24 in Deutschland, 16 in Kanada, 15 in Großbritannien, gefolgt von insgesamt 52 Künstlerinnen in Polen und Ungarn, Italien, Litauen und der Schweiz sowie 13 anderen Ländern; bei 10 Personen ist eine Zuordnung kaum möglich. 14 Frauen sind in KZs oder Todeslagern ums Leben gekommen (in Band I waren es 6, in Band II 28, darunter auch Selbstmorde in der betreffenden Zeit, zusammen 48 Frauen); eine Frau wurde hingerichtet.

Die Malerinnen sind mit 184 Frauen am stärksten vertreten, wenn man Malerinnen mit zusätzlichen künstlerischen Tätigkeiten hinzunimmt, sind es sogar 218, mit großem Abstand gefolgt von 56 Fotografinnen, 39 Bildhauerinnen, 28 Bildhauerinnen und Malerinnen (zusammen 67) und 57 mit sonstigen künstlerischen Tätigkeiten. Viele dieser Frauen übten oder üben in unterschiedlichsten Kombinationen zwei bis vier verschiedene künstlerischen Tätigkeiten aus, von denen etliche jedoch allenfalls am äußersten Rand der bildenden Kunst oder jenseits dessen situiert sein dürften. 74 Frauen hat Hedwig Brenner interviewt.

Im ersten Band *Jüdische Frauen in der bildenden Kunst* (Konstanz 1999) waren insgesamt 199 Frauen vertreten, in Band II (Konstanz 2004) waren es 428, und hier sind es 398 (+ 7 Mund- und Fußmalerinnen, zusammen 405), zusammen also 1.025 bzw. 1.032 Frauen. Das bedeutet natürlich nicht, dass alle bewusste oder gar praktizierende Jüdinnen sind oder gewesen sind und ebensowenig, dass sich allzu viele von ihnen mit jüdischen Themen befassen oder befasst hätten, vielmehr findet man bei ihnen in Inhalt und Form wohl das gesamte Spektrum der bildenden Kunst des 19. und 20. Jahrhunderts der westlichen Welt.

Die vorliegende Sammlung enthält wohl manche prominenten Künstlerinnen, ebenso aber auch fast unbekannte Namen, und bei manchen ist nicht ganz klar, ob sie überhaupt hierher gehören. Aber im Zweifel – warum nicht? Auch im Hinblick auf die biographischen Texte mag es gewisse Ungleichheiten sowohl im Inhalt als auch im Umfang geben, d.h. nicht alle Künstlerinnen-Porträts mögen die betreffende Künstlerin oder ihr Werk völlig adäquat beschreiben, manche sind vielleicht zu lang, andere zu kurz geraten; besonders misslich sind fehlende Geburtsjahre und manchmal auch allzu dürftige biographische Daten.

Es versteht sich gewiss von selbst, dass trotz dieser beträchtlichen Sammlung von Namen in diesem dreibändigen *unkonventionellen* Lexikon – wie die Autorin es nennt – keinerlei Anspruch auf Vollständigkeit erhoben werden kann, und zwar allein schon deshalb nicht, weil ja wahrscheinlich fast täglich neue angehende Künstlerinnen mit ihrer Kunst zu beginnen versuchen. Als wir im Sommer 1997 – also vor fast 10 Jahren – mit der Arbeit am ersten Band *Jüdische Frauen in der bildenden Kunst* begannen, hätten wir wohl kaum gedacht, dass noch weitere zwei Bände folgen würden, und eigentlich hätte von vornherein auch ein kunstwissenschaftliches Fachlektorat mitarbeiten müssen, was ja vielleicht bei einer späteren Neuauflage immer noch nachgeholt werden kann.

Dass diese drei biographischen Verzeichnisse bzw. Lexika *Jüdischer Frauen in der bildenden Kunst* überhaupt zustande kamen, ist natürlich in allererster Linie der Idee der Autorin Hedwig Brenner zu verdanken, die mit unerschöpflicher Findigkeit und Leidenschaft gesammelt und gesammelt und gesammelt hat, und wenn der Text fast druckfertig war, wieder neue Künstlerinnen fand und fand und fand, was zu einer Materiallawine führte, der wir unmöglich widerstehen konnten. Der Autorin ist für diese jahrelange ebenso originelle wie außerordentlich verdienstvolle Pionierarbeit herzlichst zu danken, denn sie hat damit ein einzigartiges Werk geschaffen, das bleibt: Hedwig Brenner hat sich um *Jüdischen Frauen in der bildenden Kunst* verdient gemacht.

Herzlich zu danken ist alsdann Jutta Obenland für ihre essentielle Mitarbeit am vorliegenden Band *Jüdische Frauen in der bildenden Kunst III:* Sie hat ebenso wie schon beim zweiten Band das äußerst arbeitsintensive erste Lektorat übernommen und mit großer Kompetenz, Geduld und Sensibilität per Internet alles überprüft, korrigiert und ergänzt, was hier überhaupt machbar war. Ohne ihr ausdauerndes Engagement wäre auch diese Publikation zumindest so gar nicht möglich gewesen. Sie beabsichtigt übrigens, ihre Arbeit dadurch zu krönen, dass sie später auch die Namen dieses dritten Bandes in unsere Internetseite einbezieht.[66]

---

[66] http://www.uni-konstanz.de/judaica/kuenstlerinnen

Undiskutiert bleibt hier wie auch früher schon die Frage nach jüdischer Kunst, und zwar allein schon deshalb, weil es dazu eine Menge guter Fachliteratur gibt.[67] Der Sinn dieses und der anderen beiden biographischen Sammlungen besteht ja vor allem darin, viele Künstlerinnen überhaupt wiederentdeckt und ihnen ihre Namen zurückgegeben zu haben. Der Wert dieses unkonventionellen Lexikons liegt also auch in der Sammlung selbst. Ansonsten aber dürfte klar sein: Wenn Frauen es im allgemeinen in der Kunst wohl immer schon etwas oder viel schwerer hatten als Männer, so dürfte das aus mancherlei Gründen um so mehr für jüdische Frauen gelten.[68]

Die Lektoratsarbeiten an *Jüdischen Frauen in der bildenden Kunst III* haben wir im November 2006 begonnen und sind beglückt, dass dieser dritte Band nun bereits im Sommer 2007 vorliegt, wobei wieder einmal Gabriela Kruse-Niermann M.A. (Universität Konstanz) für Scannen und PC-Assistenz, Tomasz Majchrowski (Warschau) für die überaus zügige Herstellung wie gute Zusammenarbeit und nicht zuletzt Wolfgang Hartung-Gorre vom gleichnamigen Verlag für sein permanentes Engagement herzlich zu danken ist. – Was aufgeschrieben, veröffentlich und in etlichen Bibliotheken der Welt aufgehoben ist, wird hoffentlich nicht so schnell vergessen. – 27. Juni 2007

---

[67] Dazu z.B. Karl Schwarz, Die Juden in der Kunst. Berlin 1928; Franz Landsberger, Einführung in die jüdische Kunst. Berlin 1935; Ludwig Gutfeld (Hg.), Von der Bibel bis Chagall – Judentum und Kunst. Frankfurt 1963; Cecil Roth (Hg.), Die Kunst der Juden. 2 Bände, Frankfurt/M. 1963; Hannelore Künzl, Jüdische Kunst von der biblischen Zeit bis in die Gegenwart. München 1992; Gabrielle Sed-Rajna, Die jüdische Kunst. Freiburg-Basel-Wien 1997; dazu auch Bernd Küster (Hg.), Malerinnen des XX. Jahrhunderts. Bremen 1995; Christina Haberlik u. Ira Mazzoni, Künstlerinnen – Malerinnen, Bildhauerinnen und Photographinnen (50 Klassiker). Hildesheim 2002; siehe auch Literatur in Hedwig Brenner, Jüdische Frauen in der bildenden Kunst II. Konstanz 2004, S. 368.

[68] Über Jüdische Frauen in der Kunst und das Bilderverbot siehe: Erhard Roy Wiehn, "Pionierarbeit für jüdische Künstlerinnen", in Hedwig Brenner, Jüdische Frauen in der bildenden Kunst. Konstanz 1998, S. 9 f.; ders. "Eine Hommage für jüdische Frauen in der Kunst", in: Hedwig Brenner, Jüdische Frauen in der bildenden Kunst II. Konstanz 2004, S. 13-17.

Jüdische Frauen in der bildenden Kunst IV(2011)
Hedwig Brenner: Danksagung

Mein herzlicher Dank geht an Prof. Dr. Erhard Roy Wiehn, der mit viel Geduld und Genauigkeit nun den IV. Band meines "Biografischen Verzeichnisses" herausgibt. Auch möchte ich meinen Dank Frau Jutta Obenland aussprechen, die als Erste in dieses Mosaik von Namen, Daten, Ausstellungen und Familiengeschichten Ordnung brachte.

Ich nenne es "Unkonventionelles Lexikon", da es sich von herkömmlichen Lexika grundsätzlich unterscheidet: Ich erfuhr die Lebensgeschichten in sehr vielen persönlichen Interviews, denn meiner Meinung nach kann man ein Kunstwerk eher verstehen, wenn man die verschiedenen Stolpersteine eines Lebenslaufs und der Karriere kennt.

An dieser Stelle möchte ich meinen innigsten Dank den Sponsoren aussprechen: Herrn Werner Loval (Jerusalem), Herrn Kurt Rodan, Frau Margaret Klein und Dr. Benjamin Sternberg (Haifa), da ohne ihre wertvolle Spende dieses Buch nicht erschienen wäre.

Haifa, im November 2010

Hedwig Brenner: Mein unkonventionelles Lexikon

Ein Kunstlexikon sollte die Biographien und Werke der besten Künstler bringen, jeder Leser sucht und findet bekannte und berühmte Namen und sieht auch gleich ein Werk in Kleinformat...

In meinem "Unkonventionellen Lexikon" werden Sie, liebe Leserinnen und Leser, Namen, Biografien und Werke von Künstlerinnen finden, die teils dank der historischen Ereignisse des 20. Jahrhunderts verschwanden und vergessen wurden, teils im Schatten der Ehemänner standen und viele, sehr viele durch ihre Energie schwere Krankheiten und sogar den Krebs besiegten.

Kunst, auch visuelle Kunst, ist heutzutage ein Bestandteil unseres täglichen Lebens. Bei jedem Museumsbesuch findet man ganze Scharen am Boden sitzender Schülerinnen und Schüler, die aufmerksam den Erklärungen der Lehrer zuhören.

Im modernen Schulunterricht ist Kunst ein Hauptfach, denn Kunst bewirkt die Annäherung zwischen einzelnen Menschen, Kunst bricht

Barrieren zwischen verschiedenen Ethnien, überbrückt Unterschiede verschiedener Religionen und politischer Ansichten.

In diesem Buch werden manche Leserinnen und Leser sich wundern, illustrierte Tagebücher aus den Vernichtungslagern zu finden. Sind deren Autorinnen Künstlerinnen, werden sie sich fragen. Ja, es ist eine Kunst, auf einem gefundenem Papierfetzen heimlich Zeichnungen von Lagerinsassen anzufertigen, ewig in Angst, erwischt zu werden. Dies sind keine berühmten Kunstwerke, aber es sind Dokumente gegen das Vergessen, und dies ist der Zweck meiner Nachforschungen und meiner Bücher.

Gertraud Feldschuh: Sie bekamen wieder ihren Namen[*]

Nun liegt Hedwig Brenners Band IV *Jüdische Frauen in der bildenden Kunst* vor. Ergänzt durch eine CD Rom ist es der Autorin gelungen, die Leserinnen und Leser mit weiteren 300 Künstlerinnen bekannt zu machen, manche von ihnen aus der Vergessenheit zu holen, manche von ihnen einem größeren Publikum vorzustellen.

Gerade jüdische Künstlerinnen sind in Vergessenheit geraten, viele wurden durch den Holocaust ausgelöscht. Doch nicht nur sie, Künstlerinnen im allgemeinen und in der gesamten Welt geraten nach ihrem Tod in Vergessenheit. Niemand und oft nicht einmal die eigene Familie interessiert sich für die künstlerische Hinterlassenschaft der Frau, der Mutter.

Aus dem IV. Lexikon dokumentiert Hedwig Brenner die Lebensgeschichten sowie die Werke der Künstlerinnen und mit großem Respekt die kreative Auseinandersetzung mit dem jeweiligen. Sujet. Vielen hat sie ihren Namen wiedergegeben, sie aus der Vergessenheit geholt, "denn jeder Mensch hat einen Namen", wie es am Eingang zur Gedenkstätte Yad Vashem (Jerusalem) und in einem Gedicht heißt[69]

Ob jüdische Künstlerinnen einen speziellen Zugang zu den verschiedenen Themen haben, ergibt sich vielleicht aus ihren Familiengeschichten, aus ihren Herkunftsländern, ob sie die Religion leben

---

[*] Kuratorin – Wien.

[69] Von Zelda Schneersohn Mishkovsky (1914–1984), "Lechol isch yesch schem – Jeder Mensch hat einen Namen, den ihm Gott gab...", vertont von Chanan Yovel.

oder völlig assimiliert sind. Anhand der CD-Rom kommt man den Künstlerinnen und deren Kunst visuell auf die Spur, durch die Kurzbiographien ergibt sich ein umfassendes Bild, soweit die erhaltenen und gefundenen Informationen dies erlauben.

Die Kunst lebt nicht nun nur von den Kunstschaffenden, sie lebt auch von Sammlerinnen und Sammlern, und Hedwig Brenner ist eine leidenschaftliche Sammlerin. Nicht wie andere, die sich mit Kunstwerken oder anderen wertvollen Gegenständen umgeben, nein, sie sammelt Künstlerinnen, jüdische Künstlerinnen. Mehr als 1300 sind es, die sie in den vier Bänden mit Akribie und der ihr eigenen Neugier gefunden hat. Das Lebenswerk einer inzwischen 92-jährigen Junggebliebenen! Eine unglaubliche Leistung eines Lebenswerkes, das in den letzten 25 Jahren entstanden ist; denn sie hatte bereits 1985 mit ihren Recherchen begonnen

Hedwig Brenner ist es zu verdanken, dass "ihre" Künstlerinnen weltweit vernetzt sind, dass es Dank ihres Engagements möglich war, Ausstellungen in Israel zu organisieren. Viele von den vergessenen jüdischen Frauen bekamen wieder einen Namen, ihren ganz persönlichen Namen als Künstlerin!

Erhard Roy Wiehn: Aller guten Dinge sind vier

Das vorliegende biographische Verzeichnis *Jüdische Frauen in der bildenden Kunst IV* enthält knapp 300 Namen, darunter etwa 150 Malerinnen, ca. 40 Bildhauerinnen, ca. 30 Fotografinnen, fast 30 Bildhauerinnen und Malerinnen, über 10 Malerinnen und Fotografinnen sowie fast 40 sonstige Künstlerinnen.

Die hier versammelten Künstlerinnen leben bzw. lebten in insgesamt ca. 30 Ländern, knapp 250 von ihnen in nur 11 verschiedenen Ländern: (1.) Fast 90 Frauen – also die weitaus meisten – leben bzw. lebten in den USA, (2.) fast 40 in Deutschland, (3.) etwas über 20 in Polen, (4.) knapp 20 in Ungarn, (5.) fast 20 in Israel, etwas mehr als je 10 in (6.) Frankreich, (7.) Russland, (8.) England und (9.) Österreich, knapp je 10 in (10.) der früheren Tschechoslowakei und (11.) Rumänien; weitere ca. 50 Frauen leben bzw. lebten in 17 verschiedenen Ländern (insgesamt handelt es sich also um Künstlerinnen aus etwas mehr als 30 verschiedenen Ländern); einige wenige sind nicht genau zu verorten.

Interessant ist die Verteilung der Geburtsjahrgänge: Im 19. Jahrhundert sind etwas mehr als 50 der hier versammelten Künstlerinnen geboren; 1900–1909 knapp 30, 1910–1919 ebenfalls knapp 30, 1920–1929 knapp 40, 1930–1939 knapp 20, 1940–1945 etwas mehr als 20, 1946–1949 etwa 20 (1940–1949 insgesamt über 40), 1950–1959 weit über 30, 1960–1969 mehr als 10, 1970–1979 ebenfalls etwas mehr als 10; bei ca. 20 Frauen fehlt das Geburtsjahr.

Im ersten Band *Jüdische Frauen in der bildenden Kunst* (Konstanz 1998) waren insgesamt 199 Künstlerinnen vertreten, in Band II (Konstanz 2004) waren es 428, in Band III 398 (zusätzlich 7 Mund- und Fußmalerinnen, insgesamt also 405 Frauen), in Band IV 296, zusammen also 1.321 (bzw. 1.328) Künstlerinnen.

Wie bezüglich der früheren Bände sei hier wiederholt: Der Titel *Jüdische Frauen in der bildenden Kunst* bedeutet nicht, dass alle bewusste oder gar praktizierende Jüdinnen waren oder sind und ebensowenig, dass sich allzu viele von ihnen mit jüdischen Themen befasst hätten oder befassen, vielmehr vertreten sie insgesamt wohl ein sehr breites Spektrum der bildenden Kunst des 19., 20. und der ersten Jahre des 21. Jahrhunderts.

Wie die ersten drei Bände enthält auch der vorliegende Band *Jüdische Frauen in den bildenden Kunst IV* wieder manche prominenten Künstlerinnen, ebenso aber fast unbekannte Namen, und bei manchen ist wohl mitnichten ganz klar, ob sie überhaupt in ein solches Verzeichnis gehören oder nicht. Aber im Zweifel – nu, warum nicht?

Auch im Hinblick auf die biographischen Texte mag es gewisse Disproportionalitäten sowohl im Inhalt als auch im Umfang geben, d.h. nicht alle Künstlerinnen-Porträts mögen die betreffende Künstlerin oder ihr Werk völlig adäquat beschreiben, manche sind vielleicht zu lang, andere zu kurz geraten; besonders misslich sind fehlende Lebensdaten und manchmal auch allzu dürftige biographische Informationen, die anzureichern aber leider nicht gelungen ist.

Es versteht sich gewiss von selbst, dass trotz dieser beträchtlichen Sammlung von Namen in diesem nun vierbändigen *unkonventionellen* Lexikon – wie die Autorin es nennt – keinerlei Anspruch auf Vollständigkeit erhoben werden kann. Doch als wir vor mehr als 13 Jahren im Sommer 1997 mit der Arbeit am ersten Band *Jüdische Frauen in der bildenden Kunst* begannen, hätten wir wohl kaum gedacht, dass noch weitere drei Bände folgen würden. Im übrigen war eigentlich immer klar, dass von vornherein ein kunstwissenschaftliches Fachlektorat hätte mitarbeiten müssen, was ja vielleicht bei einer späteren Neuauflage immer noch nachgeholt werden kann. Undiskutiert bleibt hier wie auch früher schon die Frage nach *jüdischer* Kunst, und zwar allein schon deshalb, weil es dazu eine Menge guter Fachliteratur gibt.[70] Der Sinn dieser vier biographischen Sammlungen besteht vor allem darin, dass die Autorin durch ihre diesbezüglichen Recherchen viele Künstlerinnen überhaupt erst wiederentdeckt und ihnen somit ihre Namen zurückgegeben hat. Ansonsten aber dürfte klar sein: Wenn Frauen es im allgemeinen in der Kunst wohl immer schon etwas oder viel schwerer hatten als Männer, so dürfte das aus mancherlei Gründen um so mehr für *jüdische Frauen* gelten.[71] Nicht wenige jüdische Künstlerinnen hatten während der deutschen NS-Herrschaft in Europa schwer zu leiden oder wurden ermordet.

Dass diese vier biographischen Verzeichnisse bzw. Lexika *Jüdischer Frauen in der bildenden Kunst* überhaupt zustande kamen, ist natürlich in allererster Linie der Idee der Autorin Hedwig Brenner zu verdanken, die mit unerschöpflicher Findigkeit und Leidenschaft gesammelt und gesammelt und gesammelt hat, und wenn der Text fast druckfertig war, wieder neue Künstlerinnen fand und fand und fand, was zu einer Materiallawine führte, die zu einer echten Herausforde-

---

[70] Dazu z.B. Karl Schwarz, Die Juden in der Kunst. Berlin 1928; Franz Landsberger, Einführung in die jüdische Kunst. Berlin 1935; Ludwig Gutfeld (Hg.), Von der Bibel bis Chagall – Judentum und Kunst. Frankfurt 1963; Cecil Roth (Hg.), Die Kunst der Juden. 2 Bände, Frankfurt/M. 1963; Kampf, Avram, Jüdisches Erleben in der Kunst des 20. Jahrhunderts. (1984) Weinheim u. Berlin 1987; Hannelore Künzl, Jüdische Kunst von der biblischen Zeit bis in die Gegenwart. München 1992; Gabrielle Sed-Rajna, Die jüdische Kunst. Freiburg-Basel-Wien 1997; dazu auch Bernd Küster (Hg.), Malerinnen des XX. Jahrhunderts. Bremen 1995; Christina Haberlik u. Ira Mazzoni, Künstlerinnen – Malerinnen, Bildhauerinnen und Photographinnen (50 Klassiker). Hildesheim 2002; siehe auch Literatur in Hedwig Brenner, Jüdische Frauen in der bildenden Kunst II. Konstanz 2004, S. 368.

[71] Über Jüdische Frauen in der Kunst und das Bilderverbot siehe Erhard Roy Wiehn, "Pionierarbeit für jüdische Künstlerinnen", in Hedwig Brenner, Jüdische Frauen in der bildenden Kunst. Konstanz 1998, S. 9–10; ders. "Eine Hommage für jüdische Frauen in der Kunst", in: Hedwig Brenner, Jüdische Frauen in der bildenden Kunst II. Konstanz 2004, S. 13–17; "Ein unkonventionelles Kunstlexikon", in: Hedwig Brenner, Jüdische Frauen in den bildenden Kunst III. Konstanz 2007, S. 11–13.

rung geriet. In eigener Regie hat die Autorin überdies die diesem Band beigefügte Bilder-CD komponiert. Hedwig Brenner ist für diese jahrelange ebenso originelle wie außerordentlich verdienstvolle Pionierarbeit herzlichst zu danken, denn sie hat damit ein einzigartiges Werk geschaffen, das bleibt: Hedwig Brenner hat sich um die Verewigung *Jüdischen Frauen in der bildenden Kunst* wahrlich verdient gemacht.

Herzlich zu danken ist nicht zuletzt Jutta Obenland für ihre essentielle Mitarbeit auch am vorliegenden Band *Jüdische Frauen in der bildenden Kunst IV:* Sie hat ebenso wie schon beim zweiten und dritten Band das äußerst arbeitsintensive erste Lektorat übernommen und mit großer Geduld und Sensibilität alles überprüft, korrigiert und ergänzt, was überhaupt machbar war. Ohne ihr ausdauerndes Engagement wäre auch diese Publikation zumindest so gar nicht möglich gewesen. Zusätzlich hat eine sehenswerte Internetseite erstellt.[72]

Was erforscht, aufgeschrieben, veröffentlich und in etlichen Bibliotheken der Welt aufgehoben ist, wird hoffentlich nicht so schnell wieder vergessen. – 10. Dezember 2010

Jüdische Frauen in der bildenden Kunst V (2013)

Hedwig Brenner: Danksagung

"Wer nicht an Wunder glaubt, ist kein Realist", sagte einst David Ben-Gurion bei der Gründung des Staates Israel. Ich bin Realistin und glaube an Wunder.

Es sind in der Tat bereits 16 Jahre verstrichen, seit ich Professor Erhard Roy Wiehn das schreibmaschinengeschriebene Konzept des ersten Bandes meines "Unkonventionellen Lexikons" überreicht habe mit der Frage, ob er es drucken möchte. Unfassbar – nach 16 Jahren erscheint nun bereits Band V: Ja, ich muss an Wunder glauben!

Es ist schwer, meine Gedanken und Gefühle in Worte zu kleiden. Ich möchte meinem langjährigen Freund Roy Wiehn auf diesem Wege meinen herzlichen Dank aussprechen. Ich weiß, es war nicht immer leicht, die fast 1.700 Biographien durchzuarbeiten, zu korrigieren, und

---

[72] http://www.uni-konstanz.de/judaica/kuenstlerinnen

nicht immer hatten wir die gleichen Gedankengänge, die gleichen Meinungen. Da gab es auch manchmal einen kleinen brieflichen Wortwechsel, aber wo guter Wille ist, ist stets auch ein gutes Endergebnis. Ende? Nein, ich habe bereits Material für Band VI: *Musikerinnen, Schauspielerinnen, Tänzerinnen, Schriftstellerinnen, Dichterinnen, Wissenschaftlerinnen* – falls das Schicksal es mir gestattet. Diese Frage ist noch offen!

Auch möchte ich meiner jungen Freundin Helga Müller-Gazmawe für das Lektorat der oft verworrenen Biographien danken. Es war bestimmt nicht immer leicht, meine handgeschriebenen Anmerkungen zu entziffern, aber zuletzt klappte es dann doch.

Nicht zuletzt möchte ich meinen Sponsoren Werner Loval, Kurt Rodan und anderen danken, die nicht genannt werden möchten, sowie allen Künstlerinnen und Freunden, die mir geholfen haben, dieses Werk zu verwirklichen. – Haifa, im Juli 2013

Christel Wollmann-Fiedler: Für alle Zeiten festhalten

Das Bundesverdienstkreuz der Bundesrepublik Deutschland bekam Hedwig Brenner im März 2012 vom deutschen Botschafter in Israel überreicht. Drei Wochen später erhielt sie das Österreichische Ehrenkreuz für Wissenschaft und Kunst vom österreichischen Botschafter in Israel. Eine hohe Ehre waren die beiden Auszeichnungen für die Lexikographin und Schriftstellerin und machten sie stolz. Für ihre vier Lexika *Jüdische Frauen in der bildenden Kunst* wurden ihr die Auszeichnungen zuteil. Nicht nur eine Ehre, auch ein Vermächtnis und Ansporn wurden diese Medaillen mit Adler und bunten Schleifen.

Ohne Zögern nahm sie die Kraft ihres Alters, ihrer 94 Lebensjahre, zusammen und machte sich erneut an die Arbeit. Wieder wollte sie jüdischen Künstlerinnen aus unterschiedlichen Ländern und Kontinenten ihre Namen, einen Platz auf ewig geben und ihr künstlerisches Können für alle Zeiten festhalten. Verschiedene Herkunftsländer, deren Kulturen, Stile und Moden prägen die künstlerischen Werke der Frauen, wie auch in den früheren vier Lexika. Malerinnen, Designerinnen, Illustratorinnen, Weberinnen, Bildhauerinnen, Töpferinnen, Gold- und Silberschmiedinnen und Fotografinnen sind vereint in diesem "unkonventionellen" Lexikon, wie Hedwig Brenner ihr Werk nennt.

In diesen V. Band nahm sie zum ersten Mal Architektinnen, Stadtplanerinnen und Landschaftsarchitektinnen auf. Den Anreiz erhielt sie im Bauhaus Dessau auf der 21. Tagung der Arbeitsgemeinschaft "Frauen im Exil" im Jahr 2011, wo sie als Ehrengast eingeladen war und vom Schicksal der Architektin Zsuzsanna Banki aus Györ in Ungarn hörte (vgl. S. 13), die 1944 in Auschwitz-Birkenau ermordet wurde. Andere Namen kamen hinzu, der Berg der Biographien wuchs auf über 40. Bereits in den 1920er Jahren absolvierten diese Frauen Technische Hochschulen und Akademien in Europa, um Diplome zu erwerben. Die Architektin und Stadtplanerin Genia Averbuch (Awerbuch; S. 13 f.) aus Russland war eine von ihnen, und bereits in den 1930er Jahren entstand unter ihrer Planung der *Zina Dizengoff Platz* in Tel Aviv im Stil des Bauhauses inmitten der "Weißen Stadt".

Berlin im Juni 2013

Erhard Roy Wiehn: Aller guten Dinge sind fünf (2016)

Hedwig Brenners vorliegendes biographisches Verzeichnis *Jüdische Frauen in der bildenden Kunst V* enthält 353 Namen, darunter 1) 43 Architektinnen (dazu Stadtplanerinnen, Landschaftsarchitektinnen), 2) 40 Bildhauerinnen (dazu Töpferinnen, Gold- und Silberschmiedinnen), 3) 119 Fotografinnen (mit Fotojournalistinnen und Videokünstlerinnen), 4) 151 Malerinnen (dazu Designerinnen, Illustratorinnen, Weberinnen). Die ältesten Jahrgänge datieren hier 1810, 1815/20, 1845, die jüngsten Jahrgänge 1983, 1984, 1986, sie sind also maximal ca. 176 Jahre bzw. ca. sieben Generationen auseinander.

Im ersten Band *Jüdische Frauen in der bildenden Kunst* (Konstanz 1998, 236 Seiten)[73] waren 199 Künstlerinnen vertreten, in Band II (Konstanz 2004, 376 S.) waren es 428, in Band III (Konstanz 2007, 264 S.) 398 (zusätzlich 7 Mund- und Fußmalerinnen, insgesamt also 405 Frauen; in Band IV[74] (Konstanz 2011, 174 S.) 296, in Band V (Konstanz 2013, 172 S.) 353, das sind in fünf Bänden auf 1.222 Seiten insgesamt 1.674 (bez. 1.681) Künstlerinnen.

Wie schon bezüglich der früheren Bände sei hier wiederholt: Der Titel *Jüdische Frauen in der bildenden Kunst* bedeutet nicht, dass alle

---

[73] Dazu: http://www.freiburger-rundbrief.de/de/?item=683

[74] Dazu: http://www.aviva-berlin.de/aviva/content_Buecher.php?id=143001028

bewusste oder gar praktizierende Jüdinnen waren oder sind und ebensowenig, dass sich allzu viele von ihnen mit jüdischen Themen befasst hätten oder befassen, vielmehr vertreten sie auch in der Distanz ihrer Jahrgänge insgesamt ein sehr breites Spektrum der bildenden Kunst des 19., 20. und der ersten Jahre des 21. Jahrhunderts.

Wie die ersten vier Bände enthält auch der vorliegende Band *Jüdische Frauen in den bildenden Kunst V* wieder manche prominenten Künstlerinnen, ebenso aber fast unbekannte Namen, und bei manchen ist wohl mitnichten ganz klar, ob sie überhaupt in ein solches Verzeichnis gehören oder nicht. Aber im Zweifel: Warum nicht? Denn "Kunst" wird hier zurecht oder nicht sehr weit gefasst.

Auch im Hinblick auf die biographischen Texte mag man gewisse Disproportionalitäten sowohl im Inhalt als auch im Umfang bemerken, d.h. nicht alle Künstlerinnen-Porträts mögen die betreffende Künstlerin oder ihr Werk völlig adäquat beschreiben, manche sind vielleicht zu lang, andere zu kurz geraten. Besonders misslich sind fehlende Lebensdaten (hier fehlen 17 völlig, 27 sind unvollständig) und manchmal auch allzu dürftige biographische Informationen, die anzureichern jedoch leider nicht gelungen ist. Die bei weitem überwiegende Mehrheit erscheint jedoch recht informativ dokumentiert.

Es versteht sich gewiss von selbst, dass trotz der beträchtlichen Sammlung von Namen in diesem nun fünfbändigen *unkonventionellen* Lexikon – wie die Autorin es nennt – keinerlei Anspruch auf Vollständigkeit erhoben werden kann. Doch als wir vor etwa 16 Jahren im Sommer 1997 mit der Arbeit am ersten Band *Jüdische Frauen in der bildenden Kunst* begannen, hätten wir uns wohl kaum vorstellen können, dass noch weitere vier Bände folgen würden. Im übrigen war eigentlich immer klar, dass von vornherein kunstwissenschaftliche Fachlektorate hätten mitarbeiten müssen, was ja vielleicht bei späteren Neuauflagen immer noch nachgeholt werden kann.

Undiskutiert bleibt hier wie auch früher schon die Frage nach *jüdischer* Kunst, und zwar allein schon deshalb, weil es dazu eine Menge guter Fachliteratur gibt.[75] Denn der Sinn dieser fünf biographi-

---

[75] Dazu z.B. Karl Schwarz, Die Juden in der Kunst. Berlin 1928; Franz Landsberger, Einführung in die jüdische Kunst. Berlin 1935; Ludwig Gutfeld (Hg.), Von der Bibel bis Chagall – Judentum und Kunst. Frankfurt 1963; Cecil Roth (Hg.), Die Kunst der Juden. 2 Bände, Frankfurt/M. 1963; Kampf, Avram, Jüdisches Erleben in der Kunst des 20. Jahrhunderts. (1984) Weinheim u. Berlin

schen Sammlungen besteht vor allem darin, dass die Autorin durch ihre umfangreichen Recherchen viele Künstlerinnen überhaupt erst wiederentdeckt und ihnen somit ihre Namen zurückgegeben hat. Ansonsten aber dürfte unbestritten sein: Wenn Frauen es im allgemeinen in der Kunst wohl immer schon etwas oder viel schwerer hatten als Männer, so gilt dies aus mancherlei Gründen um so mehr für *jüdische Frauen*.[76] Viele jüdische Künstlerinnen hatten während der deutschen NS-Herrschaft in Europa schwer zu leiden und nicht wenige von ihnen wurden ermordet (hier 17-19 Frauen).[77]

Dass diese fünf biographischen Verzeichnisse bzw. Lexika *Jüdische Frauen in der bildenden Kunst* überhaupt zustande kamen, ist natürlich in allererster Linie der Idee der Autorin Hedwig Brenner zu verdanken, die mit unerschöpflicher Findigkeit und Leidenschaft gesammelt und gesammelt und gesammelt hat und immer wieder neue Künstlerinnen fand und fand und fand, was bei jedem neuen Band immer wieder neue Herausforderungen sogar noch bei der Endredaktion mit sich brachte.

1987; Hannelore Künzl, Jüdische Kunst von der biblischen Zeit bis in die Gegenwart. München 1992; Gabriele Sed-Rajna, Die jüdische Kunst. Freiburg-Basel-Wien 1997; dazu auch Bernd Küster (Hg.), Malerinnen des XX. Jahrhunderts. Bremen 1995; Christina Haberlik u. Ira Mazzoni, Künstlerinnen – Malerinnen, Bildhauerinnen und Photographinnen (50 Klassiker). Hildesheim 2002; siehe auch Literatur in Hedwig Brenner, Jüdische Frauen in der bildenden Kunst II. Konstanz 2004, S. 368. Dazu auch:

http://de.wikipedia.org/wiki/Frauen_in_der_Kunst

http://universal_lexikon.deacademic.com/257293/jüdische_Kunst

http://sammlungen.ub.uni-frankfurt.de/freimann/content/titleinfo/420310

http://www.netzwerk-juedischer-frauen.de/frames_presse.htm

http://david.juden.at/kulturzeitschrift/70-75/74-keil.htm

http://www.theologische-buchhandlung.de/bibel-und-die-frauen.htm

[76] Über jüdische Frauen in der Kunst und das Bilderverbot siehe Erhard Roy Wiehn, "Pionierarbeit für jüdische Künstlerinnen", in Hedwig Brenner, Jüdische Frauen in der bildenden Kunst. Konstanz 1998, S. 9–10; ders. "Eine Hommage für jüdische Frauen in der Kunst", in: Hedwig Brenner, Jüdische Frauen in der bildenden Kunst II. Konstanz 2004, S. 13–17; "Ein unkonventionelles Kunstlexikon", in: Hedwig Brenner, Jüdische Frauen in den bildenden Kunst III. Konstanz 2007, S. 11–13; ders. "Aller guten Dinge sind vier", in: Hedwig Brenner, Jüdische Frauen in den bildenden Kunst IV. Konstanz 2011, S. 10–12.

[77] http://europawettbewerb.freitag.de/profile/jüdische-frauen-in-europa/

In eigener Regie und Verantwortung hat Hedwig Brenner wiederum eine Bilder-CD komponiert, die diesem Band im Anhang beigefügt ist, weshalb auch aus *Jüdische Frauen in der bildenden Kunst V* kein Bilderbuch zu werden brauchte. Alle Abbildungen sind hier mit freundlicher Genehmigung der Künstlerinnen aufgenommen, denen dafür herzlich gedankt wird, ebenso Christel Wollmann-Fiedler (Berlin) für ihr Vorwort und ihr Engagement bei der Endredaktion.

Hedwig Brenner ist für diese jahrelange ebenso originelle wie außerordentlich verdienstvolle Pionierarbeit herzlichst zu danken, denn sie hat damit ein einzigartiges Werk geschaffen, das bleibt: Hedwig Brenner hat sich um die Verewigung *Jüdischer Frauen in der bildenden Kunst* wahrlich hoch verdient gemacht und wurde – nicht nur dafür – im Jahre 2012 sowohl mit dem Bundesverdienstkreuz der Bundesrepublik Deutschland als auch mit dem Österreichischen Ehrenkreuz für Wissenschaft und Kunst geehrt.

Wir wünschen Hedwig Brenner zu ihrem 95. Geburtstag am 27. September 2013 von Herzen weiterhin frohes und erfolgreiches Schaffen – bis 127![78]

Im übrigen soll der Dauerwunsch unserer Edition unbedingt auch diesmal gelten: Was aufgeschrieben, veröffentlicht und in etlichen Bibliotheken der Welt aufgehoben ist, wird hoffentlich nicht so schnell wieder vergessen. – 1. August 2013

Jüdische Frauen in Musik und Tanz (VI) (2016)
Hedwig Brenner: Danksagung

Mein ganz besonderer Dank gebührt Professor Erhard Roy Wiehn, der wie ein Zauberer in seiner Edition Schoáh & Judaica im Hartung-Gorre Verlag (Konstanz) in gut 30 Jahren 300 Bücher herausgegeben hat.

Und wir feiern bald unsere 20-jährige Zusammenarbeit. Es war bestimmt nicht immer leicht, die gegensätzlichen Meinungen auf einen gemeinsamen Nenner zu bringen, doch wo guter Wille ist, kann man alle Gegensätze überbrücken.

---

[78] http://de.wikipedia.org/wiki/Sarah_(Erzmutter)

Dieser Band VI meines "unkonventionellen Lexikons" ist das 8. Buch unserer fruchtbaren Zusammenarbeit und hoffentlich nicht das letzte, denn derzeit arbeite ich bereits am nächsten Band *Jüdische Frauen in der darstellenden Kunst*, worin Theater- und Filmschauspielerinnen sowie Regisseurinnen verewigt werden sollen.

Doch hier gilt mein Dank nun nicht zuletzt auch den beiden Lektorinnen, Beatrice Ungar (Sibiu, Hermannstadt) und Helga Müller-Gazmawe (Haifa), denen es gelang, meine oft verworrenen biografischen Darstellungen zu entwirren. – Haifa, 15. November 2016

Rita Calabrese:[79] In voller Vielfalt

Vor längerer Zeit hatte ich die Freude, an der Präsentation des III. Bandes von Hedwig Brenners *Jüdischen Frauen in der bildenden Kunst* (Konstanz 2007) teilzunehmen. Sie fand am 9. Oktober 2007 in der Berliner Inselgalerie statt, die seit über fünfundzwanzig Jahren vielfältige Frauenwerke mit Kunstausstellungen und verschiedenen Veranstaltungen fördert.

Kein Zufall für eine italienische Germanistin, die sich mit Frauenliteratur und deutsch-jüdischer Kultur befasst. Und ich war nicht enttäuscht! Noch einmal hatte sich die Frauenforschung mit ihrer Suche nach den "symbolischen Müttern" als unerschöpfliche Fundgrube erwiesen.

Jenem Band III sind noch zwei gefolgt. Reichhaltig ist die Anzahl der Künstlerinnen der Gegenwart und derjenigen, die nach dem Tod in Vergessenheit geraten waren und nun endlich wiederentdeckt wurden.

Das wertvolle Wirken der Frauen erscheint in allen möglichen Kunstbereichen, auch in denen, die lange als ausschließlich männlich betrachtet wurden. Neben Malerinnen, Bildhauerinnen, Fotografinnen und Architektinnen ersten Ranges wurden Töpferinnen, Gold- und Silberschmiedinnen sowie Designerinnen, Illustratorinnen und Weberinnen in Hedwig Brenners *biographischen Verzeichnisse* aufgenommen, die es verstanden hatten, das Handwerk zur Kunst zu erheben und eine große Rolle auch in der Bauhaus-Bewegung spielten. Wie

---

[79] Professorin für deutsche Sprache und Literatur an der Universität von Palermo; dazu: Hedwig Brenner, Begegnungen mit Menschen und Städten. Konstanz 2015, S. 118.

Gold im Sand soll die erfolgreiche Suche auch die unermüdliche Verfasserin überrascht haben! Eine große Leistung, noch wertvoller wegen der besonderen Perspektive, durch den Anteil der Jüdinnen an der Kunst in vollem Umfang und in voller Vielfalt zutage tritt. Überdies zeigen die verschiedenen Werke und Lebenswege, wie sich eine uralte Kultur mit der umstehenden Welt auseinandergesetzt und von ihr vieles assimiliert hat, ohne ihrerseits assimiliert zu werden. Hervorragend beweisen die erwähnten Künstlerinnen, wie die "Doppeldifferenz" als Frau und als Jüdin, an der Rahel Varnhagen ihr Leben lang bis zur endgültigen Versöhnung zu leiden hatte, zu einem fruchtbaren Austausch mit großartigen Ergebnissen werden kann.

Dieser Band VI und hoffentlich nicht letzter, ist der Musik und dem Tanz gewidmet. Nicht nur Stars wie Barbra Streisand, Amy Winehouse und Bette Midler sind zusammen mit Sängerinnen aus vielen Zeiten zu finden, sondern auch Pianistinnen und Violinistinnen zusammen mit Komponistinnen, die in Fanny Mendelssohn ihre Vorläuferin hatten, sowie auch Dirigentinnen.

Auffallend ist die lange Liste der Künstlerinnen, die ein tragisches Ende in Auschwitz-Birkenau und anderen KZs gefunden haben, darunter die Pianistinnen Mathilde Borgenicht und Leopoldine Oppenheimer, die Violinistin Alma Rosé, die Nichte Gustav Mahlers. Andere hingegen haben dank der Musik überleben können, wie Esther Bejarano und Fania Fénelon, die über das Orchester in Auschwitz geschrieben haben, Yvette Assaeler, Grete Klingsberg, Rachel Knobler und andere. Zu erwähnen ist auch Lin Jaldati, die während der Deportation Anne Frank kennengelernt hatte. Als eine der ersten hat sie die jiddische Musik in der DDR bekannt gemacht.

Noch etwas zu diesem wertvollen Werk muss man hervorheben, und zwar die verdienstvolle Verfasserin. Geboren im k.u.k. Czernowitz, das später rumänisch wurde und längst zur Ukraine gehört, ist Hedwig Brenner über politische, geschichtliche und sprachliche Grenzen nach Israel gekommen, wohin sie das kostbare Erbe der deutschsprachigen jüdischen Kultur mitgenommen und einen neuen Anfang als Schriftstellerin gewagt hat.

Im Hebräischen heißt Leben *Chajim* und ist Plural. Wie kaum eine andere zeigt Hedi Brenner die Vielfalt und Unschätzbarkeit der menschlichen Existenz, und dafür danken wir. – im Oktober 2016

Erhard Roy Wiehn: Jüdische Musikerinnen und Tänzerinnen

Hedwig Brenners vorliegendes biographisches Verzeichnis *Jüdische Frauen in Musik und Tanz* enthält 235 Namen, darunter etwas mehr als 60 Pianistinnen, etwa 45 Sängerinnen, mehr als 30 Opernsängerinnen, knapp 30 Komponistinnen, 15 Pop-Sängerinnen, 12 Geigerinnen, 5 Cellistinnen, 17 Künstlerinnen anderer Instrumente oder künstlerischer Tätigkeiten und 21 Tänzerinnen, Choreographinnen und Tanzpädagoginnen; viele wenn nicht gar die meisten spielten oder spielen zusätzliche Instrumente bzw. übten oder üben weitere Berufe aus, weshalb nicht alle genannten Zahlen ganz genau zu nehmen sind.

Von 13 Künstlerinnen konnten leider gar keine Lebensdaten gefunden werden, und von nicht wenigen sind die Herkunftsdaten unvollständig. Der älteste Jahrgang datiert anno 1795, der jüngste 1986. Hedwig Brenners fünf frühere Bände *Jüdische Frauen in der bildenden Kunst* 1998–2013 enthalten insgesamt 1.681 Namen, nimmt man die hier versammelten 235 Namen hinzu, so ergeben sich 1.916 Namen jüdischer Frauen, die in sechs Bänden auf rund 1.390 Seiten zusammengetragen wurden.

Wie bei den früheren Bänden gilt auch hier: Der Titel *Jüdische Frauen in Musik und Tanz* bedeutet nicht, dass alle bewusste oder gar praktizierende Jüdinnen waren oder sind und ebensowenig, dass sich allzu viele mit jiddischer oder jüdischer Musik befasst hätten oder befassen, vielmehr vertreten sie auch in der Vielfalt ihrer künstlerischen Tätigkeiten und ihrer Jahrgänge insgesamt ein sehr breites Spektrum von Musik und Tanz.

Ebenso wie die fünf Bände über *Jüdische Frauen in der bildenden Kunst* enthält auch dieser Band prominente Künstlerinnen, aber auch eher unbekannte Namen, und bei manchen ist nicht ganz klar, ob sie in ein solches Lexikon gehören oder nicht. Aber *in dubio pro*, warum auch nicht? Denn *Kunst* ist hier durchaus weit gefasst.

Auch bei *Jüdische Frauen in Musik und Tanz* versteht es sich gewiss von selbst, dass trotz der ansehnlichen Sammlung von Namen in diesem neuen *unkonventionellen Lexikon* – wie die Autorin es nennt – keinerlei Anspruch auf Vollständigkeit erhoben werden kann.

Doch als wir im Sommer 1997 mit der Arbeit am ersten Band *Jüdische Frauen in der bildenden Kunst* (Konstanz 1998) begannen, hätten wir uns wohl kaum vorstellen können, dass 2004, 2007, 2011 und 2013 weitere vier Bände folgen würden und nach 19 Jahren nun sogar der vorliegende Band. Im übrigen ist klar, dass auch hier entsprechende Fachlektorate am Platz gewesen wären, was ja vielleicht bei einer späteren Neuauflage nachgeholt werden könnte.

Der Sinn dieser biographischen Sammlungen besteht ja vor allem darin, dass die Autorin durch ihre umfangreichen Recherchen viele Künstlerinnen überhaupt erst wiederentdeckt und ihnen somit ihren Namen zurückgegeben hat. Ansonsten aber dürfte unbestritten sein: Wenn Frauen es in der Kunst schon immer etwas oder viel schwerer hatten als Männer, so gilt das aus mancherlei Gründen um so mehr für jüdische Frauen.

Viele der hier verzeichneten Künstlerinnen hatten während der NS-Zeit in Deutschland und Europa schwer zu leiden, 13 Frauen bekamen nach der Machtergreifung der Nationalsozialisten in Deutschland 1933 Berufsverbot, 34 Frauen nach dem "Anschluss" Österreichs an das Deutsche Reich 1938. Alle 47 (ca. 20 Prozent) Frauen mussten versuchen, Deutschland und Österreich zu verlassen, 16 der hier verzeichneten Frauen wurden in Auschwitz-Birkenau und andernorts ermordet, das sind rund 7 Prozent (tatsächlich jedoch jeweils mehr, weil etliche der hier verzeichneten Frauen schon vor 1933 verstorben waren oder gar nicht in Deutschland oder Österreich lebten oder leben.

Wir legen hiermit kein Bilderbuch vor, denn es wäre unmöglich gewesen, auch nur diejenigen Künstlerinnen bildlich zu verewigen, von denen wir Fotos hätten bekommen können: Nach welchen Kriterien hätten wir auswählen sollen? Ein gewisser Trost besteht immerhin darin, dass viele der hier verzeichneten Künstlerinnen leicht im Internet zu finden sind.

Einmal mehr ist Hedwig Brenner für diese neuerliche ebenso originelle wie verdienstvolle Pionierarbeit sehr herzlich zu danken, denn sie hat zusammen mit den fünf Bänden *Jüdische Frauen in der bildenden Kunst* ein einzigartiges Werk geschaffen, das bleibt. Nun hat sie sich auch um *Jüdische Frauen in Musik und Tanz* verdient gemacht und wurde bereits 2012 sowohl mit dem Verdienstkreuz der Bundesrepublik Deutschland als auch mit dem Österreichischen Ehrenkreuz für Wissenschaft und Kunst geehrt.

Herzlicher Dank gebührt Professor Rita Calabrese für ihr Vorwort sowie Beatrice Ungar (Sibiu, Hermannstadt) und Helga Müller-Gazmawe (Haifa) für ihre ebenso engagierte wie selbstlose Mitarbeit. Meine Editionsarbeiten widme ich Hedwig Brenner zu ihrem 98. Geburtstag am 27. September 2016. Im übrigen soll der Dauerwunsch unserer Edition auch diesmal gelten: Was aufgeschrieben, veröffentlicht und in etlichen Bibliotheken der Welt aufgehoben ist, wird hoffentlich nicht so schnell wieder vergessen. – 24. November 2016

Nach der Überreichung des Österreichischen Ehrenkreuzes Hedwig Brenner im Gespräch mit dem österreichischen Botschafter in Israel, Dr. Franz Josef Kuglitsch, in Haifa am 16. März 2012 (Foto: Irene Fischler)

III. Hedwig Brenner bei Christel Wollmann-Fiedler

Czernowitz ist meine Heimat* (2009)

Hedwig Brenner, eine alte Dame, lebt in Haifa. Vor drei Jahren lernte ich sie während einer ihrer Lesungen in Berlin kennen. Viel erfuhr ich über ihren steinigen Lebensweg als Jüdin und Weltbürgerin.

1918, heute neunzigjährig, wurde Hedwig Brenner in Czernowitz als Tochter der Lehrerin Fridl Feuerstein und des Rechtsanwaltes Dr. Adolph Langhaus geboren. Als Zehnjährige verlor sie ihren Vater, wurde von der Mutter und Großmutter erzogen in eine gutbürgerliche Umgebung. Gute Schulen besuchte sie, ging kurzfristig vor dem Zweiten Weltkrieg zum Studium nach Wien und Genf, musste zu Kriegsbeginn zurück in ihre Bukowiner Heimat.

Paul Celan, Ninon Ausländer, die dritte Frau Hermann Hesses, kannte sie in Czernowitz, auch Immanuel Weissglas. Mit Alfred Kittner, der später in Düsseldorf lebte, war sie freundschaftlich verbunden.

In Czernowitz heiratete sie 1939 den Ingenieur Gottfried Brenner, der in Prag studiert hatte. Zusammen gingen sie als junges Paar in das Petrolgebiet nahe Bukarest. Mutter und Schwiegermutter wollten sie 1940 aus Czernowitz zu sich nach Ploieşti holen, konnten die Bukowina aber nicht mehr verlassen, mussten bleiben. Die Grenzen wurden geschlossen.

Verwandte verschwanden in Sibirien, andere verließen das Land und gingen nach England und in die USA, um sich zu retten. Hedwig Brenner und ihr Mann kamen ins Czernowitzer Ghetto, erlebten dort viel Unmenschliches, doch auch Menschliches, wie sie immer wieder erzählt. Die Brenners überlebten die Gräuel der Nazis, wanderten 1945 nach Rumänien aus. Wieder gingen sie ins Petrolgebiet nach Ploieşti, wo Gottfried Brenner bis zu seiner Pensionierung arbeitete.

Hedwig Brenner bekam in Rumänien zwei Kinder und begann eine Ausbildung als Krankenschwester und Physiotherapeutin. In diesem

---

* "Czernowitz ist meine Heimat" - Gespräche mit der Zeitzeugin Hedwig Brenner Texte und Fotos von Christel Wollmann-Fiedler Munda Verlag, Brugg/ Schweiz 2009.

Beruf arbeitete auch sie bis zur Rentenzeit. 130 Ausreiseanträge hat das Ehepaar an den rumänischen Staat gestellt, doch abgelehnt wurden sie alle. Erst im fortgeschrittenen Rentenalter, 1982, bekamen sie die Genehmigung, mit den bereits erwachsenen Söhnen und der Mutter nach Israel auszuwandern.

Seit 27 Jahren lebt Hedwig Brenner in Haifa. Ein bescheidenes Leben führt sie in der neuen Heimat, erst sehr spät wurde sie Schriftstellerin. Familienbiographien schrieb sie, die im Munda-Verlag erschienen sind, und vor allem entstanden durch ihre Energie und ihren Arbeitseifer [bis 2007] drei Lexika über *Jüdische Frauen in der bildenden Kunst*. Ca. 1100 jüdische Künstlerinnen nahm sie in diese drei Bände auf. Recherchiert hat sie in der ganzen Welt über mehrere Jahre, um diese künstlerischen Lebensbilder zusammenzubekommen. Längst verstorbene, in Konzentrationslagern umgekommene sowie noch lebende Frauen in aller Welt und junge jüdische Künstlerinnen vereinte sie in diesen Werken. Eine großartige Arbeit hat Hedwig Brenner für die Zukunft geschaffen.

Mich haben ihre menschlichen und unmenschlichen Eindrücke in ihrem Leben nachhaltig beeindruckt und nicht zuletzt ihr strahlendes Gesicht, ihr positives Denken und die Aussage, immer Glück im Leben gehabt zu haben.

Nachfolgenden Generationen möchte ich diese oben beschriebenen Erlebnisse als Buch weitergeben. Das Leben einer sehr selbständigen jüdischen Frau, die nie am Leben verzweifelte, ihren Lebensmut behalten hat. In Osteuropa lebte sie mit ihrer perfekten deutschen Sprache, seit 27 Jahren in Israel als Einwanderin.

Ein literarischer Schatz 'Zum Andenken und Nachdenken'[*] (2011)

Gedichte und Geschichten entstandenen im langen Leben von Hedwig und Gottfried Brenner. Erinnerungen und Lyrik von damals, auch Lebensweisheiten und persönliche Erlebnisse haben diese beiden be-

---

[*] Vorwort zu: Hedwig und Gottfried Brenner, Zum Andenken und Nachdenken - Kurzgeschichten, Lyrik und Malerei aus Czernowitz und Israel. Konstanz 2011, S. 11.

gnadeten Erzähler geschaffen, die Hedwig Brenner, die Unermüdliche, gesammelt und nun in diesem Buch veröffentlicht hat.

Umtriebig und unermüdlich hat Hedwig Brenner, die fast 93-jährige, diesen literarischen Schatz gesammelt. Zusammengebündelt wurde er in diesem wunderbaren Buch. Texte ihres vor zwölf Jahren [1999] verstorbenen Ehemannes und die sie auf der Flucht in verschiedene "Heimaten" hinüberrettete bis in die zionistische Heimat vor 29 Jahren, sind nun vereint in diesem Buch.

Die Erinnerungen an Czernowitz, an Wien, an ihre Reisen in verschiedene Länder, die Studienzeit von Gottlieb Brenner in Prag und die Einwanderung ins Land der Zehn Gebote, haben literarische Spuren hinterlassen. Die Unterhaltung mit Max Brod in Prag erschien 1934 im *Czernowitzer Morgenblatt*. Gottfried Brenner und Max Brod philosophieren über Gott und die Welt, über Palästina, das Judentum, die beginnende Nazizeit, über die Zukunft der Juden mit den abschließenden Worten "ein Entweder – Oder". Ein Exkurs entstand über eine Zeit, in der Juden spürten, dass es schlimm werden kann für sie in der Zukunft.

Die Jahreszeiten von Gottfried Brenner enthalten Liebes- und Landschaftsbilder. Die Hommage an die verstorbene Freundin Judith Kalbeck in Wien hat Hedwig Brenner nicht vergessen, war ihr sehr wichtig. Das Stillleben, das Gottfried Brenner im Jahr 1930 in Aquarell malte, ziert den Beginn des Buches, und Tuschezeichnungen aus verschiedenen Jahren sind beim Umblättern zu sehen. Malereien des ältesten Sohnes Paul Brenner, die in den letzten Jahren mit Begeisterung entstanden, wurden gedruckt im Buch der Eltern.

Hedwig Brenner erhält Bundesverdienstkreuz[*] (2012)

Am 30. Oktober 2011 hat Bundespräsident Christian Wulff Hedwig Brenner das Verdienstkreuz am Bande des Verdienstordens der Bundesrepublik Deutschland verliehen. Der Botschafter der Bundesrepublik Deutschland in Tel Aviv, Andreas Michaelis, schrieb in einem Brief u.a.: "Durch die Auszeichnung des Herrn Bundespräsidenten mit dem Verdienstkreuz am Bande des Verdienstordens der Bundes-

---

[*] In: *Hermannstädter Zeitung*, Sibiu (Rumänien), 13. Januar 2012.

republik Deutschland erfahren Sie eine hervorragende Würdigung für Ihr außergewöhnliches kulturpolitisches Wirken."

Hedwig Brenner wurde 1918 in Czernowitz geboren, lebte 30 Jahre in Ploieşti (Rumänien); vor 29 Jahren verließ sie mit ihrer Familie Rumänien und wanderte ins Gelobte Land Israel ein. Sehr spät begann sie zu schreiben. Die alte Schreibmaschine hatte ausgedient. Ihr Enkelsohn brachte ihr das Arbeiten mit dem Computer bei. Sie schrieb zwei Familienbücher: *Leas Fluch* und *Mein 20. Jahrhundert,* beide erschienen im Munda-Verlag in Brugg/Schweiz. Im letzten Jahr kam ganz en passant das Buch *Mein altes Czernowitz* zustande und wurde im Hartung-Gorre-Verlag Konstanz, gedruckt.

Das erste Lexikon ihrer Reihe *Jüdische Frauen in der bildenden Kunst* wurde 1998 veröffentlicht. Im Frühjahr 2011 erschien bereits das vierte Lexikon. Recherchiert hat Hedwig Brenner in der ganzen Welt über mehrere Jahre, um diese über tausend künstlerischen Lebensbilder zusammenzubekommen. Längst verstorbene, in Konzentrationslagern umgekommene, noch lebende junge jüdische Künstlerinnen aus aller Welt vereinte sie in diesen vier Bänden. Eine großartige Arbeit hat die 93-jährige Hedwig Brenner für die Zukunft geschaffen.

Hedwig Brenner schreibt in ihrer deutschen Muttersprache. Mit ihrem verstorbenen Mann sprach sie 60 Jahre Deutsch. Als Jüdin überlebte sie die Gräuel der Nazizeit, seit 29 Jahren wohnt sie in Haifa am Rande des Existenzminimums. Juden sind nicht immer reich, wie viele Vorurteile in Deutschland meinen.

Eine erneute Reise nach Europa traute sich die 93-jährige alte Dame im Oktober letzten Jahres zu. Nach Berlin kam sie mit ihrer Begleitung, hatte Termine, traf Menschen in dieser Stadt, eröffnete eine Ausstellung, hatte eine Lesung; nach Dessau ins Bauhaus reiste sie zu einer Tagung, zu der sie eingeladen war. Weit über dreißig Personen wurden zu ihren Ehren nach Charlottenburg eingeladen. Viele Gäste kannten sie, andere wollten sie kennenlernen. Butterbrezeln und guten Wein gab es. Die Unterhaltungen über Gott und die Welt waren interessant. Künstlerinnen aus dem vierten Lexikon von Hedwig Brenner waren aus den USA und anderen europäischen Ländern angereist, natürlich auch aus Israel.

In der Inselgalerie eröffnete Hedwig Brenner eine große Ausstellung mit dem Titel "Zerstreut in alle Welt – Jüdische Künstlerinnen zu Gast in der Inselgalerie". 25 Künstlerinnen waren von der Galerie eingeladen, schickten ihre Kunstwerke in die Torstraße, einige von ihnen kamen persönlich zu dem großen Ereignis nach Berlin. Ilse-Maria Dorfstecher, die Leiterin der Inselgalerie in Berlin-Mitte, hatte bereits im vorigen Jahr die CD mit Werken von Künstlerinnen aus dem vierten Lexikon gesehen und entschied damals ganz spontan, eine Ausstellung zu machen. Der Termin wurde festgelegt, Hedwig Brenner zur Eröffnung eingeladen, ein Ausstellungskatalog wurde mit viel Mühe in deutscher und englischer Sprache gedruckt. Am Eröffnungsabend war ein Dolmetscher zur Stelle, der den englischsprachigen Künstlerinnen übersetzte. Ein großes, einmaliges Ereignis war diese Ausstellung in Berlin. Nie zuvor hatte es so etwas gegeben an der Spree und Hedwig Brenner, die Kennerin und Erfinderin der Lexika, flanierte inmitten der Menge.

Bei ihrer Freundin Ria Gold, der 99-jährigen Czernowitzerin, war Hedwig Brenner zum Essen eingeladen. Erinnerungen an die Bukowina und die Stadt ihrer Herkunft wurden ausgetauscht. Der Rundfunk "rbb" nahm ein Interview mit Hedwig Brenner auf, und in einer Kultursendung wurde sie vorgestellt.

Nach Dessau fuhr Hedwig Brenner mit ihrer Begleitung, um an der 21. Interdisziplinären Internationalen Tagung "Entfernt: Frauen des Bauhauses während der NS-Zeit – Verfolgung und Exil" teilzunehmen. In den drei Tagen haben über 15 Wissenschaftlerinnen, Historikerinnen, Germanistinnen über Künstlerinnen am Bauhaus referiert. Rahel Feilchenfeldt kam aus München und sprach über "Die jüdischen Künstlerinnen am Bauhaus und ihre Darstellung in Hedwig Brenners vierbändigem Verzeichnis *Jüdische Frauen in der bildenden Kunst.* Es folgte ein sehr schöner und wie immer interessanter Vortrag von Hedwig Brenner über ihre "unkonventionellen" Lexika, eine Bezeichnung, die die Autorin selbst gewählt hat. Für die teilnehmenden Wissenschaftlerinnen war das sicherlich ein großes Ereignis, diese interessierte, wissende und fleißige alte Dame kennenzulernen und sie erzählen zu hören.

Kurz vor dem Abreisetermin nach Israel fand in der Inselgalerie zur oben erwähnten Ausstellung ein Beiprogramm statt, wo Hedwig Brenner ihre Bücher *Mein altes Czernowitz*, den Band *Jüdische Künstlerinnen in der bildenden Kunst IV* und *Zum Andenken und Nachdenken. Kurzgeschichten, Lyrik und Malerei aus Czernowitz und Israel* vor. Mit einem gut halbstündigen Dokumentarfilm wurden Hedwig Brenner und auch das Publikum überrascht. Ich selbst hatte über mehrere Jahre die Begegnungen mit Hedwig Brenner gefilmt. 24 Kassetten waren zusammengekommen, die von Sylvia Rademacher zu einem kleinen Film geschnitten und zusammengefügt wurden.

Die große Ehre des Bundesverdienstkreuzes (2012)

Seine Exzellenz, der Botschafter der Bundesrepublik Deutschland in Tel Aviv, Andreas Michaelis, hatte ins Cafe Arabica in Haifa in die Sderot Hanassi auf den Carmel eingeladen. Über vierzig geladene Gäste waren gekommen; ein Sprachengemisch aus Deutsch, Russisch, Rumänisch und Englisch war zu vernehmen. All diese Menschen sind ins Land der Zehn Gebote eingewandert, haben den Holocaust in Europa überlebt und wollen ohne Verfolgung und Diskriminierung an der Levante leben.

Botschafter Michaelis fand schöne und ehrende Worte für die 93-jährige Hedwig Brenner, die die Gräuel der Deutschen und Rumänen in der Bukowina überlebt hat und vor 30 Jahren mit ihrer Familie in Israel einwandern durfte.

Hedwig Brenner war mit Büchern aufgewachsen und begann selbst zu schreiben. Bereits in Rumänien wurden Beiträge von ihr veröffentlicht und der eine oder andere Artikel in deutsch-amerikanischen Zeitungen. Im Jahr 2000 schrieb sie zwei Bücher über ihre Familie, ein kleines Büchlein über Czernowitz und ein Erinnerungsbuch. Inzwischen sind vier Lexika über *Jüdische Frauen in der bildenden Kunst* erschienen, eine hervorragende, kaum zu beschreibende Arbeit, hat Hedwig Brenner für diese Künstlerinnen geleistet. Die deutsche Sprache ist Hedwig Brenner geblieben, mit ihrem verstorbenen Mann sprach sie 60 Jahre Deutsch!

Für ihre "unkonventionellen" Lexika, die sie in deutscher Sprache geschrieben hat, wurde Hedwig Brenner am 1. März 2012 mit dem Verdienstkreuz am Bande des Verdienstordens der Bundesrepublik Deutschland ausgezeichnet. Botschafter Michaelis überreichte ihr den Orden mit sehr freundlichen und persönlichen Worten und einem großen Blumenstrauß. Eine wunderbare Veranstaltung in einem hervorragenden Restaurant in Haifa, exzellent organisiert von Christoph Peleikis, dem Protokollchef und Ersten Sekretär der Deutschen Botschaft in Tel Aviv, haben wir Eingeladenen erlebt. Hedwig Brenners Familie, Freundinnen und Freunde waren gekommen, um bei ihrer großen Ehrung dabei zu sein und ihr zu gratulieren.

Jüdische Frauen in der bildenden Kunst IV[*] (2013)

Seit 29 Jahren lebt Hedwig Brenner in Haifa. Ein bescheidenes Leben führt sie in der neuen Heimat, erst sehr spät wurde sie Schriftstellerin. Familienbiographien schrieb sie und vor allem entstanden durch ihre Energie und ihren Arbeitseifer Lexika über *Jüdische Frauen in der bildenden Kunst*. Ca. 1350 jüdische Künstlerinnen nahm sie in diese Nachschlagewerke auf. Recherchiert hat sie in der ganzen Welt über mehrere Jahre, um diese künstlerischen Lebensbilder zusammenzubekommen. Längst gestorbene, in Konzentrationslagern umgekommene sowie noch lebende Frauen in aller Welt und junge jüdische Künstlerinnen vereinte sie in diesen Werken. Eine ein großartiges Werk hat die fast 93-jährige Hedwig Brenner für die Zukunft geschaffen!

60 Bildhauerinnen sind im Verzeichnis. Judith Shea, die 1948 in New York geboren wurde und dort lebt; Hana Platzer, 1933 in Bessarabien geboren und 2012 in Tel Aviv-Jaffo wohnt; Dorothy Robbins, 1920 als Tochter Russischer Einwanderer in Ohio geboren und 1999 in Ein Hod/Israel starb.

34 Fotografinnen, so Sharon Adler, die 1962 in Berlin geboren wurde, nach Israel ging und nach Berlin zurückkehrte; Evelyn Hofer, 1922 in Marburg an der Lahn geboren, wohnt in New York; Linda McCartney, 1941 in New York City als Tochter eines russischen Einwanderers geboren, wurde 1997 mit ihrem Ehemann Paul von der Britischen Königin geadelt und starb 1998 in England.

170 Malerinnen nahm Hedwig Brenner in Band IV auf. Zu nennen sind Eve Arnold, 1912 in Philadelphia als Tochter russisch-jüdischer Emigranten geboren, später nach London zog und 2003 den Verdienstorden *Order of the British Empire* erhielt; Mina Gampel, 1940

---

[*] Hedwig Brenner, Jüdische Frauen in der bildenden Kunst IV. Ein biographisches Verzeichnis - unter Mitarbeit von Jutta Obenland. Herausgegeben von Erhard Roy Wiehn Hartung-Gorre Verlag, Konstanz 2011.

in Weißrussland geboren, in Samarkand, Taschkent und Frunze ihre Kindheit verbrachte, seit 44 Jahren in Stuttgart wohnt; Renee Nass, 1950 in Temeschwar geboren, wohnt in Aachen; Eva Olivetti, 1924 in Berlin geboren, lebt seit 1939 in Montevideo. Eine kleine Auswahl der 264 Künstlerinnen-Namen.

Nach dem Tod ihres Ehemannes begann Hedwig Brenner als damals 80-jährige in Haifa, mit dem Computer zu arbeiten, die alte Schreibmaschine hatte ausgedient. In fünf Sprachen korrespondiert sie seitdem bei Tag und Nacht per Mail mit der gesamten Welt und natürlich auch mit "ihren" Künstlerinnen. In diesen Tagen erschien der vierte Band *Jüdische Frauen in der Bildenden Kunst,* ebenso die dazugehörige CD mit Kunstwerken dieser genannten Frauen. Hedwig Brenner nennt ihre Arbeit ein "unkonventionelles Lexikon". Ob konventionell oder unkonventionell, eine Fundgrube für Kunsthistoriker und eine Ehre für die vielen Künstlerinnen, die in dieses Lexikon aufgenommen wurden, ist es allemal.

Nicht nur Rose Ausländer, Paul Celan und viele andere bekannte Schriftsteller kamen aus Czernowitz, auch Hedwig Brenner. Über ihre Kindheit und Jugend in der Bukowina hat sie in den beiden Familienbänden erzählt, auch über die inzwischen zum Mythos geworden Stadt Czernowitz schrieb sie im Jahr 2010 ein Bändchen *Mein altes Czernowitz*, ebenfalls erschienen bei Hartung-Gorre in Konstanz, mit ihren Erinnerungen an die Stadt von damals.

Czernowitz wurde 1944 zum zweiten Mal in wenigen Jahren von der Roten Armee besetzt, und kurz darauf kam die Nordbukowina zur Sowjetunion, die Südbukowina blieb den Rumänen. Die Brenners wollten nicht unter den Sowjets leben und kauften sich 1945 eine Ausreisebewilligung. Mit dieser illegalen Bewilligung verließ Hedwig Brenner ihr geliebtes Czernowitz und ging mit ihrem Mann nach Ploieşti, ins Petrolgebiet in Rumänien, 60 km nördlich von Bukarest, und kam vom Regen in die Traufe. Rumänien schloss die Grenzen zum Westen, und das Land wurde eine große Erfahrung ihres Lebens. Nicht zimperlich war der Staat, und das Leben wurde schwer.

Die jüdische Familie Brenner wollte nach Israel auswandern, doch die Ceausescu-Administration ließ es nicht zu. Als Rentner erst konnten das Ehepaar Hedwig und Gottfried Brenner mit der damals bereits 91-jährigen Mutter und den erwachsenen Söhnen ins *Gelobte*

Land auswandern. Die deutsche Muttersprache ist ihr geblieben, Hebräisch wird sie im nächsten Leben lernen, versprach sie.

Die Weltbürgerin Hedwig Brenner wird 96 und *Jüdische Frauen in der bildenden Kunst V*[*] (2013)

Das Bundesverdienstkreuz der Bundesrepublik Deutschland bekam Hedwig Brenner im März 2012 vom deutschen Botschafter in Israel überreicht. Drei Wochen später erhielt sie das österreichische Ehrenkreuz für Wissenschaft und Kunst vom österreichischen Botschafter in Israel. Eine hohe Ehre waren die beiden Auszeichnungen für die Lexikographin und Schriftstellerin und machten sie stolz. Für ihre vier Lexika *Jüdische Frauen in der bildenden Kunst* wurden ihr die Auszeichnungen zuteil. Nicht nur eine Ehre, auch ein Vermächtnis und Ansporn wurden diese Medaillen mit Adler und bunten Schleifen.

Ohne Zögern nahm sie die Kraft ihres Alters, ihrer 93 Lebensjahre zusammen und machte sich erneut an die Arbeit. Wieder wollte sie jüdischen Künstlerinnen aus unterschiedlichen Ländern und Kontinenten einen Namen, einen Platz auf ewig geben und ihr künstlerisches Können für alle Zeiten festhalten. Verschiedene Herkunftsländer, deren Kulturen, Stile und Moden, prägen die künstlerischen Werke der Frauen, wie auch in den vergangenen vier Lexika. Malerinnen, Designerinnen, Illustratorinnen, Weberinnen, Bildhauerinnen, Töpferinnen, Gold- und Silberschmiedinnen und Fotografinnen sind vereint in diesem "unkonventionellen" Lexikon, wie Hedwig Brenner ihre Arbeit nennt.

In dieses 5. Lexikon nahm sie zum ersten Mal Architektinnen, Stadtplanerinnen und Landschaftsarchitektinnen auf. Den Anreiz erhielt sie im Bauhaus Dessau auf der 21. Tagung der Arbeitsgemeinschaft "Frauen im Exil" im Jahr 2011, wohin sie als Ehrengast eingeladen war und über das Schicksal der Architektin Zsusanna Klara Banki aus Györ in Ungarn hörte, die 1944 in Auschwitz er-mordet wurde. Andere Namen kamen hinzu, der Berg der Biografien wuchs auf über 40. Bereits in den 1920er Jahren absolvierten diese Frauen Technische Hochschulen und Akademien in Europa, um Diplome zu

---

[*] Hedwig Brenner, Jüdische Frauen in der bildenden Kunst V. Ein biographisches Verzeichnis. Herausgegeben von Erhard Roy Wiehn, 1. Auflage Konstanz 2013, 176 Seiten mit Bilder-CD.

erwerben. Die Architektin und Stadtplanerin Genia Awerbuch aus Russland war eine von ihnen und bereits in den 1930er Jahren entstand unter ihrer Planung der *Zina Dizengoff Platz* in Tel Aviv im Stil des Bauhauses inmitten der "Weißen Stadt".

Das 1. Kapitel hat die Überschrift, Architektinnen, Stadtplanerinnen. Ruth Enis,[*] die Landschaftsarchitektin, wurde 1928 in Czernowitz in der Bukowina geboren und kam bereits als Kind nach Palästina. Nach Lebensodysseen studierte sie am Technion in Haifa Architektur und Stadtplanung. In Amsterdam setzte sie das Studium fort, bekam ihr Diplom, als Professorin arbeitet sie bis heute [2013] am Technion in Haifa. Internationale Einladungen bekam sie in den Jahren, ihre Publikationsliste ist reichhaltig. Weitere 42 hochinteressante Biografien von Architektinnen, Stadtplanerinnen und Landschaftsarchitektinnen sind von Hedwig Brenner in das Lexikon aufgenommen worden.

Das 2. Kapitel hat die Überschrift "Bildhauerinnen, Töpferinnen, Gold- und Silberschmiedinnen". 40 Biografien gibt es in diesem Kapitel, eine davon ist Vera Gellert, die 1929 in der Nähe von Budapest geboren wurde. Mit der Familie kam sie ins Ghetto, die Schwester wurde nach Dachau deportiert. Vera überlebte die unmenschliche Zeit. Auf großen Umwegen über Zypern erreichte sie später Israel, studierte in Jerusalem an der Kunstakademie, heiratete, bekam Kinder und arbeitete als Kunsttherapeutin. In verschiedenen Museen und Galerien wurden ihre Bildhauerwerke und Acrylbilder ausgestellt. Tel Aviv ist ihr Zuhause.

Reichhaltig ist im 3. Kapitel die Anzahl der Fotografinnen-Biografien, über 119 Künstlerinnen hat Hedwig Brenner geschrieben. Rachel Hirsch wurde noch vor Kriegsbeginn 1937 als Tochter eines Arztes in Berlin geboren. In Windeseile floh die Familie vor den Nazis mit dem letzten Schiff nach Bolivien. Rachel und ihre Geschwister besuchten dort die Schule, 1949 kam Familie Hirsch nach Israel. Im neu gegründeten Staat studierte Rachel Jahre später an der Hebräischen Universität in Jerusalem, 1967-70 an der Staatlichen Fachhochschule für Fotografie in Köln. 25 Jahre arbeitete sie als freie Fotojournalistin für die Zeitung *Ha'aretz* und für Journale. Ihre Fotoausstellungen waren

---

[*] Dazu: "Ruth Enis" in: Hedwig Brenner, Begegnungen mit Menschen und Städten 1919-2014. Konstanz 2015, S. 107.

in internationalen Galerien in verschiedenen Ländern zu sehen. In Ramat Gan wohnt sie seit Jahrzehnten.

Im 4. Kapitel wurden 151 Malerinnen, Designerinnen, Illustratorinnen und Weberinnen aufgenommen. 1905 wurde Edith Ban-Kiss in Budapest geboren, 1944 nach Ravensbrück deportiert, dann in ein Arbeitslager nach Genshagen bei Ludwigsfelde, südlich von Berlin. Kurz vor Kriegsende wurde sie mit anderen Häftlingen auf den Todesmarsch geschickt, überlebte und flüchtete 1945 nach Ungarn. Ihre Skizzen aus dem Lagerleben sind bekannt geworden, auch ihr Album "Deportation", das bereits 1948 in Budapest ausgestellt wurde. Edith emigrierte nach Frankreich, lebte einige Zeit mit ihrem Mann in Marokko. 1966 nahm sie sich das Leben.

Ein Fundus von 353 hochinteressanten Künstlerinnenbiografien ist entstanden in dem "unkonventionellen" 5. Lexikon von Hedwig Brenner, der 95-jährigen Lexikographin. Eine hervorragende, nicht zu beschreibende Leistung.

Seit 32 Jahren lebt Hedwig Brenner als dankbare Bürgerin in Israel. Am 27. September 2014 feiert sie ihren 96. Geburtstag in Haifa. Dieser strahlenden Persönlichkeit und Weltbürgerin wünsche ich noch viele gesunde, interessante, ideenreiche und mit der Welt verkabelte Jahre in ihrer dritten Heimat!

Jüdische Tänzerinnen und Musikerinnen (2017)

Sie alle kennen sie, die in Czernowitz geborene, in Ploeisti im Petrolgebiet Rumäniens drei Jahrzehnte wohnte, seit 32 Jahren in Haifa, der dritten Heimat, in der Silver Street, lebende und schreibende. Neugierig war sie schon als Kind, neugierig und wissbegirig ist sie noch immer, selbst mit 98 Jahren! Nun, wer ist sie? Ja, natürlich *Hedwig Brenner,* auf niemand anderen könnten diese kurzen, knappen Worte zutreffen, noch im Alter wurde sie Lexikographin und Schriftstellerin. In der Stadt der jüdischen deutschsprachigen Lyrik, der unterschiedlichen Ethnien, die bis 1918 zur Donaumonarchie gehörte, wurde sie geboren, ging dort zur Schule erlernte die deutsche Sprache, die ihr bis heute geblieben ist, drei andere Sprachen kamen in der Schule und in den Jahren der politischen Wandlungen hinzu, Hebräisch hebt sie sich fürs nächste Leben auf, verspricht sie.

Man kennt Hedwig Brenner in allen Kontinenten dieser Welt, schließlich recherchierte sie über jüdische Künstlerinnen seit Jahren, telefonierte, korrespondierte, suchte in Museen dieser Welt, entdeckte mehr und mehr Namen in verschiedenen Winkeln unseres Globus, um die Biographien und die Kunstwerke zu finden. Malerinnen, Bildhauerinnen, Fotografinnen, Architektinnen, Designerinnen, Illustratorinnen, Weberinnen, Töpferinnen, Gold- und Silberschmiedinnen vereinte Hedwig Brenner in ihren *unkonventionellen* Lexika, wie sie sagt, die Professor Dr. Wiehn im Hartung-Gorre Verlag in Konstanz herausgegeben hat.

In den kurzen Pausen des Suchens entstanden weitere Familienbücher, Erinnerungsbücher über Czernowitz, ein Erinnerungsbuch über Menschen, die sie vor Jahrzehnten auf ihren vielen Reisen traf. Vor Chanukka und dem Christfest 2016 kam das 6. Lexikon *Jüdische Frauen in Musik und Tanz* von Konstanz zu mir nach Berlin. Auf dem Umschlagbild ist Bella Salomon, geborene Itzig, aus Berlin abgebildet, die 1749-1824 lebte, der Mode nach ein Gemälde aus dem 19. Jahrhundert. Ein schönes Umschlagbild, eine schöne Idee, war sie doch die Großmutter der berühmten Fanny Hensel und dem Komponisten Felix Mendelssohn-Bartholdy, Fanny komponierte ebenfalls und spielte wunderbar Piano.

Wieder einmal liefen Hedwigs Gedanken durch die Welt der Kunst. Diesmal beobachtete sie Tänzerinnen beim Üben und auf der Bühne, schaute den Komponistinnen über die Schulter und lauschte den Klängen der Musikerinnen und Sängerinnen in Konzert- und Opernhäusern, hörte Solistinnen auf ihren unterschiedlichen wohlklingenden Instrumenten zu, ob klassische oder moderne Musik auf den Programmen stand. Professor Wiehn schreibt in seiner Einführung, dass "dieses biographische Verzeichnis 235 Biographien enthält, darunter mehr als 60 Pianistinnen, etwa 45 Sängerinnen, mehr als 30 Opernsängerinnen, knapp 30 Komponistinnen, 15 Pop Sängerinnen, 12 Geigerinnen, 5 Cellistinnen, 17 Künstlerinnen anderer Instrumente und 21 Tänzerinnen, Choreographinnen, und Tanzpädagoginnen..."

Esther Bejarano wurde 1924 im Saarland geboren, besuchte nahe Herrlingen ein Jüdisches Landschulheim, wurde auf die Alija [Aufstieg, Einwanderung nach Israel] vorbereitet, kam mit den Eltern nach Berlin. Vom Sammellager in der Hamburger Straße wurde sie mit vielen anderen in das Konzentrationslager Auschwitz-Birkenau deportiert und rettete ihr jugendliches Leben im "Mädchenorchester von Auschwitz". Die Eltern wurden im KZ Kowno in Litauen ermordet. Vom Frauenkonzentrationslager Ravensbrück schickten sie die Nazis auf den Todesmarsch. Esther überlebte sämtliche Qualen und Erniedrigungen, wohnt seit 1960 in Hamburg. Seit Jahren geht sie gegen Rassismus und Antisemitismus auf die Straße, streitet für den Frieden und gegen den Krieg, setzt sich für Flüchtlinge ein. In Dresden war sie mit einem übergroßen Plakat gegen Pegida unterwegs, mit ihrer Microphon-Mafia (eine deutsch-türkisch-italienische Rapgruppe, in der seit 2007 Esther mitmacht, singt und auf Tournee geht) tourt sie durch Deutschland und singt ihre hochpolitischen antirassistischen Lieder. Geboren wurde sie als Zipora Edelberg 1899 in Lettland, Tatyana Barbakoff hieß sie später. Ballettunterricht bekam sie bereits als Kind, wollte Tänzerin werden. Mit dem deutschen Soldaten Georg Waldmann, ging sie nach dem ersten Weltkrieg nach Deutschland, das Paar heiratete, trat gemeinsam in Kabaretts auf, im Renaissancetheater in Charlottenburg tanzte Tatyana ebenso, 1927 trennte sich das Paar. 1933 verließ sie Deutschland, der Maler Wollheim begleitete sie nach Paris. 1940 wurde sie im südwestfranzösischen Lager Gurs interniert, kam wieder frei, reiste nach Nizza, erneut schnappen sie die deutschen Menschenjäger, und über Drancy bei Paris ging die Deportation nach Auschwitz-Birkenau, wo sie 1944 in der Gaskammer ermordet wurde.

Ich denke an meine Freundin Hedy
(23. Januar 2017)

So manche Nacht kramten wir in Kisten und Kästen, in alten Fotos und Dokumenten. Kaum zu glauben, was es da alles zu sehen gab. Erinnerungen gab es bei Hedy viele, und erzählen war ihre Leidenschaft. Ich habe in den Jahren in der Silver Street in Haifa ihre jüdische Czernowitzer Familie, die Eltern, die Großeltern, die Großmutter aus dem Leipziger Zirkus und viele andere in Galizien, Wien, der Schweiz und London kennengelernt Selbst auf die lange Schiffsreise der Großeltern nach Indien 1885 nahm sie mich gedanklich mit. Sie wuchsen mir alle ans Herz als gehörten sie zu mir.

Durch Czernowitz begleitete ich Hedy in ihrer Kindheit und Jugend, konnte ihrer Begeisterung für die einst multikulturelle Stadt nicht widerstehen. Mental hat sie diese Stadt, diese Heimat, ihre Lebensliebe am Pruth, nie verlassen, auch nie verstanden, dass sie sich verändert hat im Lauf der vielen Jahrzehnte. Verwandte verschwanden in den 1940er Jahren in den eisigen Wintern Sibiriens, erfroren oder erschossen. Andere wurden in die Lager Transnistriens deportiert, starben vor Hunger und an Typhus, wieder andere wurden erschossen und erschlagen. 1945 floh Hedy mit ihrem Mann ins Petrolgebiet nach Rumänien. Vor über 30 Jahren konnte sie mit Kind und Kegel ins Gelobte Land Israel, ausreisen. Rentner waren sie und ihr Mann bereits.

Gefordert und ermuntert hat sie mich, nicht nur meine Freundin wurde sie, eine mütterliche Freundin war sie mir in den Jahren. Fast täglich telefonierten oder skypten wir, Neues und Wichtiges gab es immer. Alljährlich bildeten wir eine Wohngemeinschaft in ihren kleinen vier Wänden in Nave Shanan auf einem der hundert Hügel in Haifa. Unser mehrwöchiges Zusammenleben wurde oft etwas strapaziös, immer waren die Nächte zu kurz, die Gespräche sehr lang. Das Finden von Künstlerinnen in der weiten Welt war ihre Leidenschaft, die Korrespondenz und die Telefonate mit ihnen ebenso. Jeder, der sie kennenlernte bewunderte diesen alten Menschen, diese umwerfende Persönlichkeit, diese großzügige disziplinierte Frau. In der kleinen Sitzecke neben der Küche saßen wir wie die Heringe beim Essen. Bekocht wurden wir alle von ihr, bekamen die Wiener Schnitzel, die Vorspeis' und die Mehlspeis'. Die Schmettentorte, wie bei ihr zu Hause in Czernowitz war der Höhepunkt. Besucher aus der gesamten Welt campierten für ein, zwei Nächte in ihrer kleinen Wohnung, oft lernte sie diese Gäste erst kennen, wenn sie bereits an die Tür klopften.

In meiner Berliner Wohnung empfing sie die Gäste, die von weit angereist waren, um sie wiederzusehen oder sie kennenzulernen. Selbst aus den USA und aus Südamerika kamen sie, aus Frankreich, der Schweiz und anderswoher. Mit ihrer Lebendigkeit und ihrem großartiges Gedächtnis verführte Hedy uns bis zuletzt.

Ihre beiden Söhne und ihre drei Enkelsöhne liebte sie über alles. Pauls Tod vor drei Jahren [2014] hat sie nie verwunden. Adam, der kleine Urenkel in Tel Aviv, wurde ihre übergroße Freude. Heute früh [23. Januar 2017] verabschiedete sie sich kurz und bündig mit 98, ohne Aufhebens von dieser Welt, die sie sehr liebte. Haifa ohne Hedwig Brenner ist nicht mehr mein Haifa! Ihre Leidenschaft zum Leben ist mir ein Vermächtnis.

Hedwig Brenner - wie sie in Erinnerung bleibt (Foto: Erhard Roy Wiehn)

Hedwig Brenner

Geboren am 27. September 1918 in Czernowitz/Bukowina (damals Österreich-Ungarn) als Hedwig Langhaus geboren; ihre Muttersprache ist Deutsch, der Vater war Rechtsanwalt, die Mutter Lehrerin. Nach Beendigung der Mittelschule Studium der Kunstgeschichte an den Universitäten Wien und Genf; durch den "Anschluss" Österreichs an das deutsche Reich im März 1938 Abbruch des Studiums und Rückkehr nach Czernowitz.

Während des Zweiten Weltkriegs erlebte sie sowohl die sowjetische als auch die deutsch-rumänische Besatzung und wurde 1941 im Ghetto interniert. 1939 Heirat mit dem Dipl. Ing. Gottfried Brenner, der in der rumänischen Erdölindustrie arbeitete. Sie ist Mutter von zwei Söhnen, beide Ingenieure, und war 25 Jahre als Physiotherapeutin in einer Poliklinik in Ploieşti (Rumänien) tätig.

1982 Auswanderung der Familie nach Israel und Niederlassung in Haifa. Hier literarisch aktiv durch Veröffentlichung von Lyrik und Feuilletons in deutschsprachigen Zeitungen Israels und des Auslandes, so *Aufbau* (New York), *Die Stimme* (Tel Aviv), *Israel Nachrichten* (Tel Aviv), *Neues Israel* (Schweiz); siehe 'Mnemosyne – ZEIT-Schrift für Geisteswissenschaft 19. Klagenfurt, September 1995, S. 30, 32, 63.

2012 Bundesverdienstkreuz der Bundesrepublik Deutschland und Österreichisches Ehrenkreuz für Wissenschaft und Kunst.

Verstorben in Haifa am 23. Januar 2016.

Buchveröffentlichungen:

1) Jüdische Frauen in der bildenden Kunst (I). Ein biographisches Verzeichnis. Konstanz 1998.

2) Jüdische Frauen in der bildenden Kunst II. Ein biographisches Verzeichnis. Konstanz 2004.

3) *Leas Fluch – Eine Familiengeschichte – ein Zeitdokument 1840–2003. Band 1, Munda-Verlag, Brugg 2005.*

4) *Mein 20. Jahrhundert. Band 2, munda-Verlag, Brugg 2006.*

5) Jüdische Frauen in der bildenden Kunst III. Ein biographisches Verzeichnis. Konstanz 2007.

6) Jüdische Frauen in der Bildenden Kunst IV. Ein biographisches Verzeichnis. Konstanz 2010.

7) Mein altes Czernowitz – Erinnerungen aus mehr als neun Jahrzehnten 1918–2010. Konstanz 2010.

8) Hedwig und Gottfried Brenner: Zum Andenken und Nachdenken. Kurzgeschichten, Lyrik und Malerei aus Czernowitz und Israel. Konstanz 2011.
9) Jüdische Frauen in der bildenden Kunst V. Ein biographisches Verzeichnis. Konstanz 2013.
10) Begegnungen mit Menschen und Städten 1919–2014. Konstanz 2015
11) Jüdische Frauen in Musik und Tanz – Ein biographisches Verzeichnis Konstanz 2017.[*]

Christel Wollmann-Fiedler

Fotografin, Autorin und Journalistin; seit 2003 in Berlin.
Siehe: www.wollmann-fiedler.de; Christel.wollmann-fiedler@web.de

Dr. Drs. h.c. Erhard Roy Wiehn, M.A.

Professor (em.) im Fachbereich Geschichte und Soziologie der Universität Konstanz; Veröffentlichungen vor allem zur Schoáh und Judaica:
http://de.wikipedia.org/wiki/Erhard_Roy_Wiehn
www.uni-konstanz.de/soziologie/judaica

---

[*] In: Hedwig Brenner, Begegnungen mit Menschen und Städten 1919-2014. Konstanz 2015, sind 10 Rezensionen abgedruckt (S. 140 ff.).

136

Erhard Roy Wiehn & Christel Wollmann-Fiedler (Hg.)

Unser Überlebenswille war stark

Gespräche mit Margit Bartfeld-Feller
über Czernowitz, die sibirische Verbannung und Israel
zum Gedenken

Vorworte Anita Hajut & Andrei Corbea-Hoişie

Hartung-Gorre Verlag Konstanz
2020